冷知識背後的熱思考

啾啾鞋教你幫大腦開外掛的30個法則

這本書乍看會讓人想到《思考的藝術》，但啾啾鞋更進一步地從外而內，圍繞著自身成長為主題，從吸收資訊到怎麼用肢體呈現更好的自己；內藏著「接受失敗」、「NPC也有自己的人生」這樣的主題，讓無助且無從安放的心先冷靜下來，再一步步舉證說明，為什麼無須困惑，接下來有怎麼樣的選擇在等著你。最後他期待讀者們能把這些經驗內化，自然而然地成為成長的養分，推薦給每一顆迷惘的心！

NeKo嗚喵（說書YouTuber）

當一件事情被以不同立場角度去詮釋，甚至操弄利用時，我們該相信什麼？最近經常在許多地方大學與企業做演講，許多人已經習慣長期被數位資訊轟炸，相信科技給他們的一切，但現代人缺乏的不是資訊，而是資訊辨別的能力與思考輸出的能力。
消耗很多精力與時間在媒體上的後遺症就是：記性差、疲勞、占據我們大部分的注意力。誰能用最有效率的模式去應對這些資訊量，又能不落窠臼地產出創新？啾啾鞋很真誠地把這些經驗和反覆試錯都公開了，這本書是讓我們了解該如何學習、蒐集資料、辨別資訊、整理資訊、情報分析等的大寶典，讓我們擺脫資訊操弄，表達自己的思考。啾啾鞋告訴我們每個創意內容以及冷知識的背後，都有一個好奇的熱思考。

水丰刀（知識型YouTube頻道「閱部客」創辦人）

知識就像大海般遼闊，足以承載夢想，也足以淹沒人生，因此處在學習浪潮的起伏之中，有些資訊必須懂得避開，有些知識必須層層疊加，有些思維必須等它發酵。至於該如何篩選知識？又該如何運用跟表達？啾啾鞋出了一本書，讀了可以少點糾結。

艾爾文（作家、富朋友理財筆記創辦人）

通常身懷絕技的人，可能會展示幾手厲害招式，但不太教人如何做到。但啾啾鞋全盤說出、幾近毫無保留，從分享如何讀書、搜尋、判讀、歸納、說講、應對等等，每一步都是他為了創造影片自我鍛鍊多年的真功夫，他不但給你看，更寫成這本書教人如何做到。有真本領的人，大多開放、樂於分享，不但不怕人學，也不怕別人超越他，久而久之就形成正能量，讓社會變得越來越好。這是啾啾鞋此書可愛、可貴之處。

張輝誠（「學思達教學」創始人）

啾啾鞋一直以來都是我最喜歡的知識型 YouTuber，除了因為他跟我一樣是個看起來蠻內向又可愛的宅男之外，更重要的是在2020年如此混亂、大家都在比聳動拼流量的 YouTube 生態中，啾啾鞋還是能保持初衷，專心做著不跟風、有內容、幽默卻不綜藝的優質知識型影片。要做知識型頻道真的需要下很多功夫，啾啾鞋的這本書會教你如何思考、整理資訊，並將你的想法有效率地傳達給大眾，這些都是網路時代中重要的求生技能，從一本書就可以得到百萬 YouTuber 的寶貴經驗，怎麼能夠不大推！

官大為（Wiwi Kuan，「NiceChord好和弦」頻道主）

身為跟啾啾鞋同期的創作者，我們常常互相交流跟討論影片主題。他一直以來給我的印象就是「精挑細選」跟「嚴密謹慎」，從影片主題的挑選一直到內容背後的research，都有他一貫的堅持。這也是為什麼他可以看似輕鬆不費力地產出源源不絕的影片。在這幾年製作影片的歷練下，搜尋資訊、整理思路、創造觀點都已成為了他最強大的創作工具。這本書就是把這份經驗濃縮的精華，讓所有人也能習得這些能力。閱讀這本書我自己也學到了很多！

阿滴（知名YouTuber）

如我常在自己節目裡聊到的，這是一個資訊不值錢的年代。網路時代來自萬千個體海量的資訊交錯堆疊，不只讓資訊變廉價，甚至有時候是負價。擁有好的判讀力能夠幫你快速識別資訊的優劣，進而轉換為智慧來幫判斷力和學識加分。啾啾鞋是台灣知識轉譯的佼佼者，在這本書中他大方地分享了如何從大量的資訊中去篩選梳理出一個完整故事，並用好入口的方式來幫助他的受眾們得以入口即化。這一套流程看似輕鬆，在實務上其實非常困難，在嘗試的過程中一定會遇到許多的鬼打牆。因為這年頭許多事情的「真相」彷彿薛丁格的貓，介於有跟沒有之間，就連專家學者也時而犯錯，叱吒風雲的理論也會過時。要如何用公允的角度切入、消化，並端上桌讓大家覺得美味，我想就是這本書帶給大家最大的體會。

謝孟恭（股癌Podcast 製作人／主委）

CONTENTS 目錄

Part II CREATE 熱思考的創造——把自己的東西變出來

Part III

EXPRESS 熱思考的傳達——把自己的東西變成別人的

作者序

嘿！大家好，我是啾啾鞋！

「嘿！大家好，我是啾啾鞋！」

這是我在影片中慣用的開場，前陣子回過頭來看我在YouTube上傳過的第一支影片（因為恥度太高我早已經下架……），才驚覺原來我的開頭和結尾，自始至終都是一樣的！

但是在我創作知識內容影片至今七年的時間裡，每一集影片的內容我都不斷地調整、進化。可以說這七年的時間裡，我每天、每週、每月關注了哪些議題、讀了什麼書、看到了什麼事件，以及我的看法，都毫無保留地透過影片傳達給了觀眾。

但因為影片畢竟篇幅有限，老實說也時常因為點閱率的關係，影片主題仍然追逐大眾口味，導致我只能以比較間接的方式，來傳達這些雖然枯燥無味，但屬於我個人較「基本」的思維邏輯與價值觀給觀眾們。

而這本書的推出，就是我想和大家更進一步分享這些基本的思維邏輯與價值觀。當然，在你繼續閱讀下去之前，我還是維持我一貫的做法，那就是：「不要隨便相信網路上拍影片的陌生人跟你說的話！」儘管我在書中分享了各種我認為很受用的思維模式，我仍然不鼓勵大家照單全收，而要以客觀的角度理解這些內容，並用個人的獨立思考去篩選出對你有用的部分。

我從來沒有想要培養腦粉，因為我希望觀眾能主動思考（某種程度我的影片內容也常常受到觀眾挑戰），我希望觀眾能和我一起學習、進步，所以我認為自己的頻道比較像是「同好會」的性質，我看到了什麼有趣的東西，做成影片和大家分享，大家在下面留言交流，刺激思考，這就是很好的一種互動，也是這個自媒體時代的優點之一，人人都有表達自己意見的媒介。

在這本書當中，我與出版社編輯討論後，決定以類似問答集的方式來撰寫，這麼做可以讓你很方便地直接找到自己的疑惑，然後參考看看我的思考方式。所以，如果你現在正站在書局的書架前翻閱這本書（雖然現在還會這麼做的人已經不多了……），又或者你只是看到「又一個網紅出書了」感到好奇而翻開這本書，恭喜你，你可以直接挑選有興趣的主題翻看，很方便呢！

忘掉這是我的觀點，然後用這個觀點改變你的人生

這些問題基本上集結了所有我在訪談、演講Q&A，以及各種私訊中會碰到的問題，可以概略分成：資訊整理、內容創造、表達能力三大部分。這也是我開始製作網路知識內容至今七年的經驗，我整理出來自己認為最好的方法與思考方式。

這是一本著重在基本思維模式的書，但我相信這三大部分不管是任何領域的人，只要你有資訊統整的需求，或多或少都可以找到你有需要

的內容。而且有趣的是，也許裡面有些內容你今天用不上，但過了一段時間後，可能就會突然派上用場。

所以這本書的設定是，你可以先挑選有興趣的主題看，不用急著一次看完。看完一個段落之後，好好思考、消化一下如何應用在你的生活中，接著就把這本書放著，等到哪天又遇到了什麼瓶頸時，隨手把這本書拿出來看看，或許就會意外發現原本覺得用不著的主題，突然派上用場了！

我常常說，當知識真正成為你的一部分時，記不記得來源完全無關緊要。所以其實對我個人來說，我反而希望你看完這本書以後，「忘掉」書中某個對你有用的觀點是從我這本書上看來的，然後帶著這些觀點去改變你的人生，那才是真正有意義的。

對於這本書，我給自己的期許是，只要書中有某一句話對你有所啟發、點亮你生命中的某個小小角落，那我就已經十分開心了。

最後，喜歡這本書的話，也別忘了按讚、訂閱，加分享喔！

ORGANIZE

PART I

熱思考的整理

——把別人的東西變成自己的

01 如何快速整理接收到的資訊？

TIP

想要有效率地整理資訊，第一步要先問的問題是：「你最關注什麼？」這是我所有資訊篩網裡面的第一關。

以我所經營的頻道為例，頻道剛創立時，因為只是單純做興趣的關係，我最關注的是：「我想做什麼內容？」而現在我最關注的則是：「觀眾想看到什麼內容？」對比我的早期影片與現在「較受歡迎」的影片，最大的差別就在於此。

在我早期的「一次搞懂諾貝爾化學獎！」影片當中，我在整理資訊時並沒有思考過觀眾想看些什麼，

一次搞懂諾貝爾化學獎！

而是將所有我覺得很酷的內容都包含進去，導致許多人覺得影片太艱深，只有化學相關科系的人「可能」會感興趣。當然這很符合「我想做什麼內容？」這個議題，但和「觀眾想看到什麼內容？」就不太符合了。

而相較於此，後來的影片「牛排的血水根本不是血」當中，整理資料時我不斷反問自己：「這是觀眾想看的嗎？」於是即使我找到了非常多我自己認為很有趣的內容，但這並不符合我現在所關注的議題，所以最後只專注在血水其實不是血，而是肌紅蛋白這件事情上。

同理，如果你關注的議題是「教授會如何看這份書報整理」、「上司會怎麼看這份簡報」，那就需要站在他們的角度去想他們想看的內容。如果是「我的學生要怎麼學習這堂課程」，那可能需要考慮的就是學生的年齡、程度等等因素。

就如同我現在正在寫這本書，這本書我最關注的

牛排的血水根本不是血！

議題是：「我的讀者在思考與資料整合方面需要些什麼？」我在蒐集資料時也是不斷地思考這個議題。

當然如果有非常多的時間做學術性的詳盡整理的話，我大可盡量將所有內容一併整合進來，但這邊講求的是快速、有效率的方式，所以先用「你最關注什麼？」這個大篩網做篩選，可以大幅提升整理的效率。

第二步我會做的是資訊的「正確性判讀」。許多人會認為應該先做這個步驟，但其實就我個人的經驗看來，資料的判讀所需要的時間遠比想像的要多，如果在未先篩選的情況下先做判斷，很容易浪費大量的時間蒐集到一大堆正確但無關緊要的資訊，所以我將其留到第二步驟。

在做正確性判讀之前，我認為我們要有一個共識，就是沒有真正絕對「正確」的資訊，任何的資訊都有其可質疑的地方，即使是嚴謹如權威期刊《科學》（*Science*）、《自然》（*Nature*）也會有出錯的時候，更遑論各種充滿模糊空間的資訊。所以我們能做的僅僅是「盡可能提高資料的正確性」而已。這可以避免在這個步驟花上太多時間，只為了反覆確認正確性。

在做正確性判讀時，首先要考慮的是你關注的領域的變化速度。如科技業、媒體業這種日新月異的產業，資訊隨時都在變化，這時候書籍的資料可能甚至比不上一個電腦專家的個人部落格。即便同樣是書籍，新出版的書可能提供的有效資訊就會比較多。但如果領域的變化速度不快，則經過時間篩選後存活的書籍通常會較有公信力。

權威人士的經驗也是可靠資料來源之一，當然各領域的權威都有可能犯錯，但就短時間內有效率的篩選而言，這不失為一個好辦法。只要謹記前面提到的大原則——「世上沒有絕對正確的資訊」，不要過度迷信權威即可。

資料整理的第三步是「優化」，其實就是針對各個細項重複前兩個步驟。這很大程度取決於你所擁有的時間，以我一個禮拜出兩支知識性影片為例，每支影片我大約會花六小時的時間在資料蒐集與整理。前兩步驟完成後，因為影片中常會提到一些專有名詞的關係，我會針對每句台詞的用字遣詞開始斟酌。

例如，在「AI也會讀心術？」這支影片裡，我提到日本的研究團隊使用深度神經網路（Deep Neural Netwrok），簡稱DNN，來做圖像的辨識。但其實我認為更精準的用詞是卷積神經網路（Convolutional Neural Network），簡稱CNN。

CNN是DNN的其中一種，在原始的研究論文中雖然是使用CNN，但論文中通篇都是使用DNN來做說明，我可以向觀眾解釋這兩者的區別，然後使用更精準的用詞CNN，但又回歸到我關注的議題「觀眾想看到什麼內容？」上面。

在YouTube上面觀看一部三到五分鐘短片的觀眾，光是解釋專有名詞可能就令他們頭昏腦脹了，還要求用到最精準的用詞，我認為反而是降低觀眾吸收

AI也會讀心術？

資訊的效率。所以在這部影片中我最後選用了較為廣泛的DNN來做介紹，這並不是用錯名詞，只是DNN的涵蓋範圍較廣，同時也能讓觀眾避免被一堆專有名詞轟炸。

這就是所謂的「優化」，在有限的時間之內，盡可能確保資訊的正確度與是否符合你關注的議題，當然隨著不同的需求會做到不同的程度，如果今天是學術性的書報討論，那當然會做到最嚴謹的程度，但若僅僅是網路影片的程度，我認為適度地放寬標準，反而對創作者花費的時間與觀眾吸收知識的效率都是有利的。

資訊的優化也需要考慮的是最終的呈現方式。以我個人為例，最終是以影片的方式呈現，所以在優化時也要考慮到畫面及聲音的呈現。我會先以我在影片中的方式念出我整理好的稿子，甚至可以潤飾到語助詞的拿捏這種程度，同時也會考量到畫面上要穿插什麼片段或動畫。

同理，文字或圖像、簡報等等的呈現也都有各自需要考量的地方，最好在資料整理階段一併做好拿捏，後續的實際製作、創作都會省力不少！

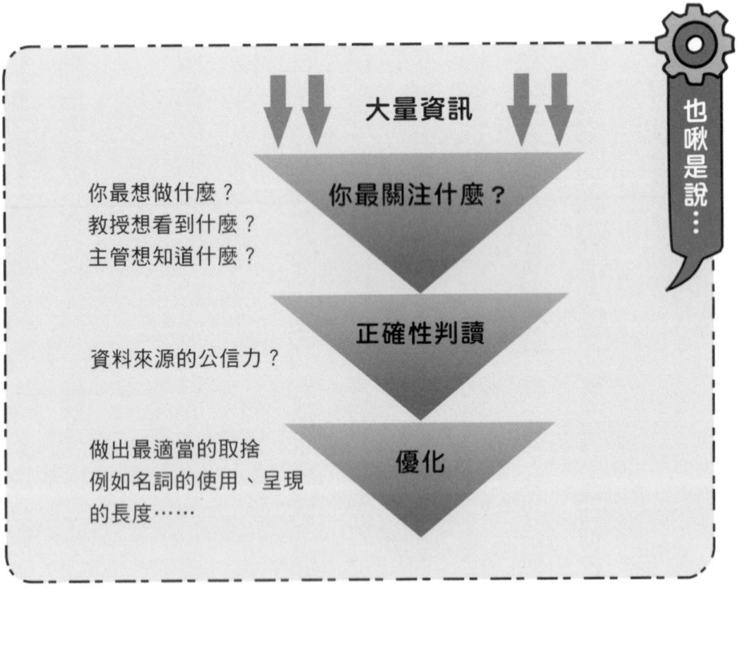
也啾是說……
大量資訊
你最關注什麼？
你最想做什麼？
教授想看到什麼？
主管想知道什麼？
正確性判讀
資料來源的公信力？
優化
做出最適當的取捨
例如名詞的使用、呈現
的長度……

02 怎麼挑選值得相信的訊息來源？

TIP

說到找資料，現代人大多都是先想到上網Google，但是網路上的內容來源很難確定是否正確，或至少是準確地轉述。其實我自己上網找資料的時候也會面臨這個問題，在此提供幾種我個人也常用的方法。不過還是要強調，資料的正確性最終還是要回歸到個人對該領域專業程度的累積，人不可能對所有領域全都精通，但在做資料的正確性判別前，還是建議先從該領域最基礎的知識開始了解，至少先達到一般人所說的「有Sense」的程度，才能蒐集到品質相對較高的資訊。

維基百科真正的價值不在內容，而在外部連結！

許多人想到找資料，第一個就是先看維基百科的內容了，我也常常把維基百科當作資料搜尋的起點，但其實維基百科的內容我認為只能當作輔助，畢竟它是經由萬眾編輯，也很難掌握其正確性，特別是一些冷門的資訊往往只有一個人編輯過，那就更難確認了。

所以我常做的一件事，就是在看完維基百科後，往下拉到「參考資料」與「外部連結」的部分，這也是絕大多數人看維基百科時最常忽略的部分。但我認為，維基百科的真正精華其實就在於此！

我們可以輕易地利用底下的參考資料與外部連結，先第一步確認這個內容的消息來源是哪裡，是來自一次訪談、一本書、一篇學術論文，或是來自一則新聞報導、一部YouTube影片，還是來自撰文者本身。

我會把這些連結當作一個起點，點開之後，繼續在來源的內文中尋找蛛絲馬跡（其實很多時候直接拉到網站最底下也會有參考資料），找出參考資料的參考資料，這樣一層一層找下去，就可以找到最原始的資料來源了。

引言與引用的祕密

在我們的資料探索歷程中，可以特別注意內文有沒有引言、引用，這點在新聞稿當中最為常見。比如摘錄一段訪談的逐字稿內容、一本書中的一小段、一篇論文中的一段內文等等，這都是往前邁進一大步的利器！找到引用的部分後，直接逐字貼到Google上，往往可以跳過中間的好幾步，直接找到最原始的資料來源，這招真的十分好用！

你可能不知道的「進階版」Google

其實許多人不知道Google有好幾個子搜尋引擎，其中我常用的幾個分別是「Google 學術搜尋」、「Google 圖書」和「Google 專利搜索」。

這些子搜尋引擎能夠更仔細地針對學術期刊、出版文獻與專利文件做檢索，還可以依照關鍵字、作者和年分去做篩選，有些領域的資料是越古早越有參考價值，有些則是越新的知識越可靠，這時候這些功能就非常好用了。

最傳統也最實用的資料來源

除了現代人習慣的上網查資料之外，也別忘了最傳統的資料蒐集方式，那就是紙本書了。經過正式出版的書籍，尤其作者是在該領域「有頭有臉」的大人物、或是專家學者，勢必會特別為自己寫出的內容做把關，畢竟沒人希望出書後毀掉自己的聲譽嘛！另外，現在出版業也越來越傾向在書的末尾加上「參考資料」的部分，除了增加可信度之外，也方便讀者自行查找。

雖說「盡信書不如無書」，但至少從客觀面來說，我認為書本的內容比網路上的內容（這裡指的是像新聞網站、個人部落格等等同樣是極小群體或個人所撰寫的內容），可信度還是要高出不少。

資料搜尋的終點

通常資料搜尋到最後，我們找到的原始資料來源不出這幾項：正式發表的學術論文、正式出版的書籍、人物訪談的內容、各種經過正式發表的文獻（專利文件、文獻史料記載等），搜尋到這個程度之後，其實我個人認為對九五%的資料使用需求來說就很足夠了（商業簡報、一般通識課程報告、部落格和YouTube影片內容製作等），接下來就是進行最終的整理與取捨了。

適時把資料的正確性判讀外包給權威單位

雖然我一直都強調，不要迷信所謂的權威，但如果站在實際面上來看，首先，權威單位如果想要持續保有領先地位，那勢必也要對得起自己對專業內容的把關。例如知名的學術期刊，當然也有審核出錯的時候，但通常都會特地再發表一篇勘誤文，主動承認錯誤，但在這之前，他們一定會盡力對資料進行徹底檢視，以捍衛自己的權威地位與名聲。

第二，沒有人對所有領域都能全面精通，個人判斷的能力必定有其極限，我不認為上網看過幾篇文章後的理解程度，能夠勝過在該領域鑽研數十年的權威，如果該領域的權威這麼說、專家這麼說、稍有了解的人也這麼說，甚至大眾都這麼說的時候，單憑自己一個人想要推翻全世界，不能說沒有，但機率還是比較低。

第三，從實務操作面來說，一個人也不可能有這麼多時間驗證所有資料，這樣太過曠日廢時，我們最終還是應該要把精力放在蒐集資料後的

「應用」上，而不是消耗過多精力在「確認正確性」上。

所以，以我個人來說，例如我要做一篇科學相關主題的網路影片，只要是經過正式發表的學術論文，尤其ＩＦ值（Impact Factor，影響指數）[1]較高的期刊，我大致上不會特別去質疑它的正確性，這其實是人類社會中各項專業細分之後所必要做出的取捨，如果真的什麼都要親自驗證的話，我們不就沒有時間去完成其他事情了嗎？

所以雖然我常說「要懂得質疑」、「不要迷信權威」，但這應該是一套大家謹記在心裡的「心法」，實際操作的「身法」還是要更講求務實才是！

1 若想知道特定期刊的ＩＦ值，可利用圖書館所訂購的Journal Citation Reports（ＪＣＲ）資料庫，該資料庫會在每年六月後提供前一年的期刊ＩＦ值及排名資料；或是某些期刊會標註自身最新的ＩＦ值報告及在所屬領域中的排名。

也啾是說⋯⋯

驗證事實與查找資料時，可以嘗試幾個我認為相對具有公信力的訊息來源：

- 進階版Google資料庫
- 維基百科的外部連結
- 紙本書籍及其附錄參考資料
- 從引用中找到原始資料來源
- 經過權威認證的學術期刊

03

總是很不會抓重點怎麼辦？

TIP

相信很多人都有這樣的經驗：翻開一本書，邊看邊畫重點，剛開始覺得很多概念都好有啟發、每句話看起來都好重要，結果，最後整本書都畫滿螢光筆、貼滿標籤紙，浪費了不少時間，卻依然抓不出整本書的「重點」！不會抓重點，不僅會讓你學習和吸收資訊的效率低落，在職場上甚至會因為這樣，加班加到吃不消！

我剛開始做影片的時候也是如此，每當要發想主題、消化資料時，也覺得處處是重點、難以取捨，耗費不少時間。這是為什麼呢？因為我們從小的教育，讓我們習慣被灌輸別人咀嚼消化過、整理好的知識，比較少有機會鍛鍊自主的判讀能力。所以很多人問我，到底要怎樣抓重點？我的第一個建議，就是「抓出關鍵字」。

ORGANIZE

先用「掃描」技巧，抓出重複多次的關鍵字

抓重點，不是在蒐集完資料之後才開始，其實從蒐集資料的過程就要有意識地進行。

面對一個毫無頭緒的概念或領域時，我會先用關鍵字搜尋，接著把Google前面一、兩頁的搜尋結果，全部快速瀏覽一遍。過程中，你一定會發現有某些詞彙、某些概念不斷地重複出現，既然會一直出現，就代表它是所謂的「關鍵字」，是絕對不可錯過的重點。如果翻了前面幾頁的搜尋結果還沒有發現，那麼就繼續往下瀏覽，直到重複度高的資料出現為止。

這時候我通常還不會細讀每篇文章，而是用「掃描」的方式抓出關鍵字。這個方法，很像練習英文閱讀時，遇到不認識卻一直重複出現的單字，我們會試著從上下文脈絡和整篇文章的主題去「猜」它的意思，而不是直接查字典。如果是面對全然陌生的領域，當你抓出關鍵字之後，一定要先試圖去推敲它的意義和內涵。

先掌握知識的全貌，再一一擊破

如果你已經找到關鍵字，就表示資料搜尋這一步已經進行得差不多了；或者在這個領域，大家會寫的內容也大同小異了。尤其是網路資料，互相轉載的機率非常高，真正的原創反而相對稀少。當你已經找到原創的見解，而衍生性資料也看得差不多時，應該就能大致掌握這個主題的樣貌，可以進入閱讀資料的步驟。

創作影片時，我常需要閱讀非常大量的資料，而且是原始資料。這個時候，不要一開始就急著整理出很精要的重點，不管是書、期刊、網路文章，試著先把整體的架構大概瀏覽一遍，找出這個主題整體的樣貌，也就是「知識的輪廓」。這個動作，可以幫助你不會頭重腳輕，避免一開始畫了一堆自以為的重點，最後才發現重要性不足的失誤。

掌握知識的輪廓之後，我們還可以把大知識切割成幾個小知識、小段落，再一個一個理解消化。這個方式會幫助我們用循序漸進的節奏學習知識，按部就班建立出宏觀清晰的知識體系，而不會迷失在資料的茫茫大海中，或者因為難以理解而感到挫折，因此澆熄了學習動機。

先讀頭尾，再交叉比對，用最短的時間掌握整體架構

抓重點，其實是先「發散」，再「收斂」的過程。廣泛地蒐集資料是「發散」，當你感覺資料已經掌握得差不多時（如前面提到的重複性越來越高時），就可以開始「收斂」了。

以閱讀一篇期刊文章為例，我最常用的「偷吃步」，是先看文章的開頭和結尾，而且我通常更重視結尾。先讀開頭，可以讓我們很快地知道這整篇文章大概在說些什麼，腦中先有一個概念。至於結尾，則是能清楚地知道作者的觀點和發現。

尤其是我經常閱讀學術論文，這類文章的最後一段一定是結論（Conclusion），直接閱讀結論能幫助我在最短的時間內掌握文章的精華。以

創作影片來說，如果這篇文章的結論沒有我要找的資料，通常我會直接跳過；如果確定這是我要找的資料，就再回過頭去閱讀整篇文章。也因為先讀過頭尾，掌握整體的知識架構，這時候就能用比較聚焦的閱讀節奏吸收知識。

除了先看頭尾，還要交叉比對。就像不同版本的教科書，一定有一些核心內容是每個版本都有的，也許舉例不同、延伸思考不同，但必然存在最根本、共通的知識內容。透過交叉比對，篩選出這些核心內容，也是進一步篩選重點的方式。

蒐集資料時，就像把漁網撒出去，希望收穫越多越好。而透過初步的篩選和判讀，就像發散之後的收斂，幫助我們從有限的資料中，更仔細地提煉出知識的含金量。

每張圖表的存在，都是有原因的

另一個抓重點的方法是先看圖表。一篇文章中，通常選擇用圖表呈現都是有原因的，可能是流程的示意、概念的對照，或是將繁複的文字內容視覺化。圖表通常不會無緣無故地出現，值得製成圖表，代表它是應該被仔細閱讀的重點。例如學術論文中，通常會將數據整理成資訊圖表，我們不一定要知道整個實驗的過程，但看完圖表，我們就能大致知道實驗的結論。尤其對比較沒有閱讀習慣、不擅長消化大量文字訊息的人來說，從圖表下手，也是比較容易掌握重點的方式。

真的動手歸納，「輸入」之後練習「輸出」

前面的步驟，都是分享如何蒐集、篩選，以及判讀資料的重點，也就是「輸入」；但要如何確認自己真的抓到重點了呢？這時候就需要「輸出」，也就是真的動手歸納。沒有輸出，我們很容易「以為」自己已經懂了，很難確認到底有沒有真的學到。

練習歸納時，你可以想像要在五分鐘之內，向朋友介紹一本最近看完、覺得很有趣的書。因為有時間限制，就必須思考如何在有限的時間內，說出這本書的重點，甚至傳遞出它的趣味。這樣的練習不只是確認我們是否真的學到，同時也會鍛鍊我們取捨的能力。就像我創作影片前會撰寫腳本，也是一個提取精華的過程。

另一個練習方式，是設定摘要字數，也許是兩百字或五百字，強迫自己在這個字數內把概念說清楚。這樣的限制會幫助我們說出真正的重點，不會浪費太多篇幅在旁枝末節的事情上。如果覺得兩百字很困難，可以先列出你認為的重點，從五百字開始，慢慢地濃縮精簡，在練習去蕪存菁的過程中，也會幫助你釐清哪些是重點、哪些內容可以果斷捨去。

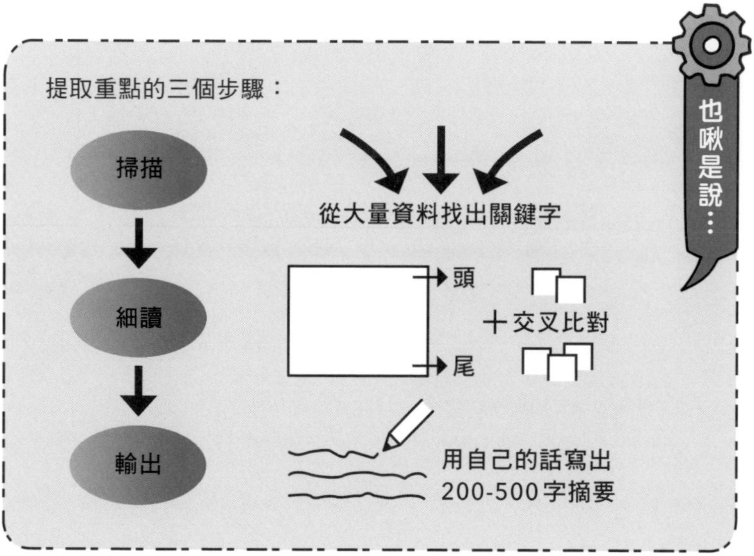
也啾是說…
提取重點的三個步驟：
掃描
從大量資料找出關鍵字
細讀
頭
尾
十交叉比對
輸出
用自己的話寫出
200-500字摘要

04

要怎麼培養學習的自主性？

TIP

這個問題其實是我在演講時很常被問到的，我想很大程度是因為台灣的學生在受教育過程中，太長時間都處於被動學習狀態吧！或者應該說，就連只是被動學習都被壓得喘不過氣了，而出了社會開始工作後，許多人更是每天忙得沒日沒夜，哪還談得上什麼學習的自主性呢？

但正是因為如此，學習的自主性反而成為了一種稀缺資源，是你相較於別人的特殊優勢。只要你願意在課餘或下班的時間，趁著別人在虛擲光陰的時候，利用時間好好學習其他知識，那怕每天只多學那麼一點，久而久之也能形成巨大的差別！

用「專案管理」意識，打造自主學習計畫

維持學習自主性，首先必須要有正確的專案管理意識。說到專案管理，很多人可能以為只有在商管領域才能用得到，事實上生活中無處不存在各式各樣的專案，從公司的上市計畫，到你今天出門買菜，都可以用專案管理的方式來進行控管。

學習也是一樣，要培養學習的自主性，我們也需要使用專案管理的概念來進行學習，才能夠在不影響本業、課業的情況下進行有效的學習。

專案管理有幾個最基本的步驟，包括：

一、辨識需求

二、建立清楚可達成的目標

三、平衡時間、成本、品質

假設你想利用業餘、課餘時間學習成為網頁前端工程師，首先必須要「辨識需求」——清楚知道前端工程師的必備技能、該學的程式和基礎觀念有哪些，例如基本的HTML、CSS、JavaScript、如何使用Github等等。先了解你的需求，以及更重要的，這項技能或知識要能派上用場的最低需求是什麼，這樣才會對我們要學習的事物有清楚的概念，而不是還沒搞清楚需求就東學一點、西學一點，結果雖然花了很多時間上課，但真正核心的技能卻完全沒學到。

清楚需求後，再來就是根據這些需求「建立清楚可達成的目標」，例如你學習網頁前端工程師的技能，主要是想達成什麼目標（例如學會哪些語法，或考取什麼證照）？最簡單的方式就是，如果這個技能或知識已經有非常多學習資源的話，可以直接找現有的線上課程，跟著進度按部就班達成，通常每個單元或每個層級都有明確的教學目標，所以在目標設定上通常不會有太大的問題。例如要學會HTML，這種線上課程已經非常多了，學習計畫也都已經經過系統性的安排，只要稍微根據個人需求調整就好。

如果是比較冷門的知識或技能，或是比較難靠線上自學方式習得的知識或技能，則建議直接找專業人士向他請教，也是一樣先確認該領域的入門門檻知識是什麼、該去哪裡習得這些知識，但這時候就必須要自己訂定階段性目標了。

最後，則是「平衡時間、成本、品質」，也就是把金錢、時間成本與你的學習狀況考量進來。在初期的時候，投入大量的時間成本是很正常的，但如果你發現自己真的耗費過多的時間，但進步還是非常緩慢的時候，這時不要直接放棄，而是要回過頭來檢討一下，是不是自己的方法有問題，然後重新修正自己的目標。

建立「問責制」，讓你的目標手到擒來！

另外，也提供各位三個小技巧，這些技巧是根據加州多明尼克大學（Dominican University of California）做的一項研究，證實可以提升目標達成率的方法，可以幫助你達成學習目標。

一、建立「問責制」：簡單來說就是請別人來督促你。根據這項研究顯示，受試者如果每個禮拜都必須向他的同儕發送一份進度報告的話，會顯著地增加目標達成率。所以，找一個你可以信任的、在乎你的朋友或家人，建立起你個人的問責制度，向他彙報每個禮拜的學習進度，除了可以提高達成率以外，說不定還能激勵他也開始想要掌握學習自主權呢！

二、公開承諾：也就是向大眾公開宣布，自己要在什麼時間內，完成什麼目標。這就不需要找非常要好的朋友了，可以單純透過一篇社群PO文，或是在聚會場合向大家宣示這個目標，都被證實可以有效督促人們完成任務。

三、把目標寫下來：這個看似非常簡單的小舉動，令人意外地，也對於目標達成率有顯著的提升。為什麼會有如此顯著的影響還需要更深入的研究，但也許是因為實際寫下來，目標就由一個虛幻的想法，轉變為實際存在於世界上的物質了，這種實體化的轉換也許對人來說有某種至關重要的意義。總之，反正這樣並不會花上多少時間金錢成本，又有研究數據顯示可以提高目標達成率，那何樂而不為呢？

也啾是說⋯

打造學習自主性的專案管理計畫

辨識需求

- 所需技能
- 所需觀念
- 可應用的最低需求
- 獲取資訊來源
- 獲取資訊對象

建立清楚可達成的目標

- 欲獲技能
- 欲獲證照或成績

平衡時間、成本、品質

- 耗費時間統計
- 耗費金錢統計
- 計算目標達成的平均成本（目標品質）
- 成本過高時退回上一步，修正目標

自主學習目標

參考文獻

- https://www.dominican.edu/academics/lae/undergraduate-programs/psych/faculty/assets-gail-matthews/researchsummary2.pdf, accessed April 12, 2019.

05 如何不讓學習變成自己的壓力來源？

TIP

為何學習會成為一種壓力，這點其實反而是在我脫離學生時代才想清楚的。其實根源就來自於我們教育體系一切以「分數」為歸依的評判標準。當然這種方式有其必要性，畢竟要一次判斷大量學生的能力高低時，我們必定要有一個勉強稱得上「公平」、「有效率」的手段，但這也導致學習變得痛苦。

不講求「CP值」的學習態度

我知道對台灣的學生來說，要放下成績是幾乎不可能的事情，所以學生對於分數的壓力，我們後面會再回來談。這邊先談談對於已經出社會的人，如何不讓學習成為壓力。

以我為例，學生時代我非常厭惡歷史、地理、公民這三個科目，主要原因就是我總是掌握不到考試重點、找不到成就感。但當我脫離學生時代後，偶然回首翻看高中社會教科書，竟然覺得還頗有趣，主要原因便是我不再需要去在意「這會不會考」、「這東西值不值得記在腦子裡」這些問題。

填鴨式的教育讓我們在學習知識時也非常講求「CP值」，沒用、不會考的東西絕對不學，只要記住老師課堂上畫的重點就好，學習其他知識甚至會被視為「浪費腦容量」。就是這樣的心態讓學習變得戰戰兢兢，學習知識成為一種壓力，也讓我們無法享受知識帶來的樂趣。

允許自己「失敗」，才能真正享受學習

二〇一二年法國普瓦節大學做了以下的實驗，研究人員針對一百一十一

位六年級的學童進行測試，他們給學生一道遠超過他們年齡可以解開的字謎遊戲。做完題目後，他們將學生分為三組，第一組學生被告知：「這是一道難題，但學習本身就會經歷挫折，只要持續努力便會進步。」第二組學生僅被詢問他們剛剛是如何解開題目的，第三組則只單純做題。

接著，他們讓這三組學生進行「工作記憶容量」（Working Memory Capacity）測驗，這是一種關於記憶與資訊處理的能力，也是預判學生學業成績、問題解決能力與智商的重要指標。剛才第一組學生的表現在此時明顯高於其他兩組學生，這代表當這些學生不再害怕失敗時，學習能力便會有所提升。

這其實也和我自身的經驗相符，當我們不再有失敗的壓力（考低分），深深了解到學習本身就需要大量時間，而且過程中充滿挫折，而克服這些挫折就是學習的樂趣，我們才能真正享受學習。

調適壓力：從量化目標到質化目標

改變教育體制並非本書的重點，而是個人的成長，所以我們這邊僅談論在現有的教育體制下，我們該如何調適壓力。雖然目前學生幾乎不可能不在乎成績，仍然有一些辦法可以減少學習的壓力。

首先，學生的學習壓力根源就在於，訂定目標的方式錯了。我們已經習慣在訂定學習目標時，以「這次要考幾分」、「這次要拿第幾名」這種方式來設定目標。這樣「量化目標」的方式其實非常不符合每個學生的個別情況，而且非常容易因為錙銖之差而失敗。許多學生會用這種方式要求自己，如果對自己的要求比較高，但又時常達不到預期水準，當這種情況反覆發生，就會累積出沉重的壓力。

所以，我們應該要改以「我要搞懂這個章節的內容」當作目標。

當你以這樣的方式訂定「質化目標」時，就可以將注意力放在「弄懂」上面，而不是「拿分數」、「拿名次」。所以只要你弄懂了，考試上犯的一些小錯就無須在意，而考試真的遇到不會的問題，你會把它當作是「了解自己還有哪裡不懂」，而不是「我又損失幾分了」。

我很喜歡的一部日劇《東大特訓班》裡面，主角老師櫻木建二在學生踏上考場之前給的最後一個建議，就是要他們在心裡默念：「考試是一種對話，也是自己與自己的對話，你的對手只有『自己』！」

你是與自己對話，只有你最清楚自己哪裡懂、哪裡不懂，其他人的情況與你無關。我的學生時代最後領悟出一件事，那就是「分數永遠是相對的」，關注自己的學習狀況，而不是絕對的分數，就是在這個體制下調適的最好對策。

也啾是說…

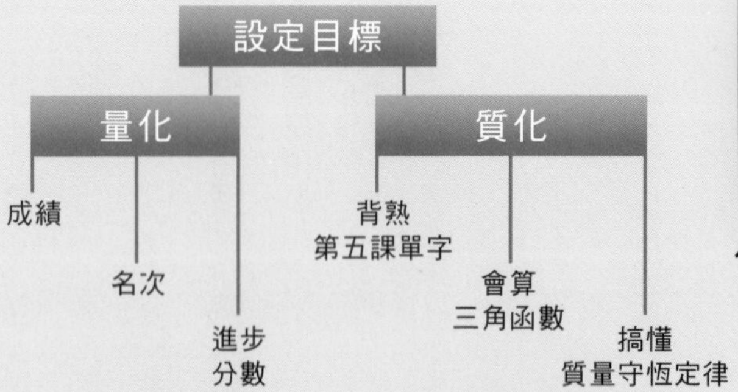

→易受客觀變因影響（如：考題難度、當天生理狀態）
→容易失敗

→不易受客觀變因影響
→學習焦點明確
→不易失敗

參考文獻

1. Frédérique Autin and Jean-Claude Croizet (2012). Improving Working Memory Efficiency by Reframing Metacognitive Interpretation of Task Difficulty. *Journal of Experimental Psychology: General 2012, Vol. 141, No. 4, 610 – 618 0096-3445/12/$12.00 DOI: 10.1037/a0027478*
2. http://www.apa.org/news/press/releases/2012/03/academic-pressure.aspx
3. http://www.apa.org/pubs/journals/releases/xge-141-4-610.pdf

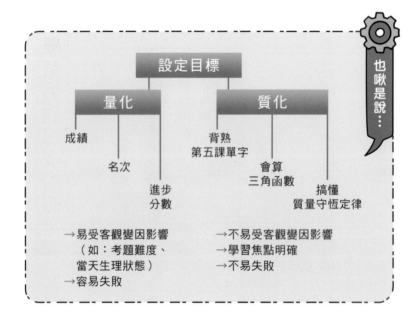

06 學習遇到障礙的時候都怎麼克服？

TIP

學習遇到障礙時怎麼克服？這也是我時常被問到的問題。有些人其實並不是不喜歡精進自己，而是因為在過程中卡關，但是又找不到解決辦法，所以乾脆就選擇逃避。每個人卡關的類型可能也不太一樣，例如有的人看到一堆數字就頭痛；有的人看到冗長的論述就想睡，更不用說背起來；或者有人想加強英文，卻一直不見起色……。

我在大學時代也曾經有類似的經驗。在念化學系二年級的時候，我就感覺到自己對於本科的專業其實沒有太大的興趣，不知道課堂上學的知識和現實生活有什麼關聯？未來能不能讓我找到工作……？內心常常有「我為什麼要學這個」的懷疑和焦慮。所以，在為「卡關」尋找解決方法之前，

ORGANIZE

一定要先釐清這個「關卡」到底是什麼。

沒興趣？學不好？很可能是你缺乏學習動機！

很多時候，學習之所以遇到障礙，是因為你缺乏學習動機。我認為，動機是所有學習的基礎，動機可以被培養，也可以被投資。學習任何事物前，我們都必須先找出動機是什麼？可能是考高分、爭取到喜歡的工作或滿意的收入，也可能是成就感、可以和別人分享經驗、獲得別人的肯定……等。

當時我很清楚，對於化學喪失興趣，是因為我缺乏學習動機。所以，我決定主動尋找動機！既然我很確定不會去考研究所，想要往網路事業發展，那我追求的就不是化學專業的學術成就，而是不再浪費時間轉系或重考，準時完成學位畢業，專心投入我的網路創作。像這樣「撐」完畢業，聽起來很消極，也就是顧慮到所謂的「沉沒成本」，但那確實是我當時找到最有效的動機，而且也真的讓我順利畢業。

大家都知道要「跨出舒適圈」，其實舒適圈理論不只如此。心理學把人如何應對生活中的各種狀態分成三個區域：舒適圈（Comfortable Zone），它的外圈是學習圈（Learning Zone）或成長圈（Growth Zone），它的外圈則是恐懼圈（Panic Zone）。跨出舒適圈，是鼓勵我們不要只安於自己熟悉擅長的事物，要勇於多付出一些努力、多面對一些挑戰，才能學習或成長，而當你學會一樣新的技能，這裡又變成你的舒適圈；但當努力或挑戰超出負荷時，就是陷入了恐懼圈，這時候可能要再退回來一些，否則不但無法成長還會造成反效果。所以這是一個不斷自我修正的動態過程。

只要找到夠強的學習動機，再長的英文單字、再難背的數學公式，你都會想辦法去克服。我認為，動機是中性的，沒有正負面之分，只要能夠推動你繼續前進，就是好的動機。只要學習動機夠強烈，剩下就是技術性的練習，無論是背誦技巧或提升學習成績，坊間都有許多書籍和資源可以參考。

讓多懂一點的「專家」幫你對症下藥

找到動機後，我們就可以進入如何跨過障礙的實際課題。首先，不管是什麼領域，我都建議找到可以詢問的專家。有人會說，專家都高不可攀，要怎麼樣找到專家，向他們求教呢？

我認為，專家是對某一個領域的知識脈絡有所掌握，能為你突破盲點、指引明路的人。簡單來說，比你「多懂一點」的人，就是專家。牛頓曾說：「如果我能看得更遠，那是因為我站在巨人的肩膀上。」我認為，重點不是「巨人」，而是「肩膀」，而那些比我們多懂一點的人，就是我們可以借助的肩膀。有時候站在太高的巨人身上，不只無法看得更遠，可能還會摔死。

畢竟一般大眾不太可能接觸到學院深處的學者或享譽國際的專家，而且當你還是超級門外漢，知識程度落差太大時，你可能不知道怎麼發問，專家也不知道怎麼回答，問不出好問題，自然也得不到好的答案。

所以，只要身邊有先經歷過、比你多懂一點的親朋好友，就有值得學習的地方。例如你想學日文，剛好有個朋友曾經考過日文檢定，就可以先問他從哪裡著手、有哪些推薦的工具書或教學資源？

學習是一個上樓梯的概念，不要妄想一步到位，而是一階踏過一階，慢慢往上，而這些比我們「多懂一些」的人，等於幫我們鋪好階梯。如果你想要買股票，又沒有認識所謂的投資專家，可以先問問身邊買過股票的朋友，問他還是投資新手時，從哪裡獲得學習資源？

一次搞懂諾貝爾化學獎！

這些人可能只比你多懂一點、厲害一點，但透過這個方式，就可以幫你繼續墊高階梯的高度。向這些走在我們前面一點的專家求教，還有一個好處。因為你們的知識程度落差不會太大，你的疑問，他可能才剛剛經歷過、克服過，更能對症下藥，從你的角度幫忙解決問題。

我做過最艱深的影片之一，應該就是「一次搞懂諾貝爾化學獎！」，介紹二〇一六年獲得諾貝爾化學獎的三位得主。其實這支影片是我自己對這個議題很有興趣，想做出來和大家分享，但內容比較專業艱澀，已經不太算科普影片，反而更像是過去大學的「書報討論」（Seminar），閱讀專業的學術論文，消化彙整之後報告給教授和同學聽。

製作這支影片的困難在於，那一年的得主是利用機械互鎖的原理合成分子，製造出分子機械。這個實驗完全顛覆過去我所學的，利用電子轉移形成化學反應的做法，所以連對本科系的我來說都很難理解，更不用說一般大眾了！當時，我一直在思考如何在七分半的影片裡，解釋這個艱深的研究領域到底在做什麼？

為了突破這個關卡，我先蒐集許多科學網站的資料，看他們怎麼說？雖然是二手資料，但透過比較淺白的知識轉譯，會幫助我初步掌握知識架構，也就是上面所說的墊高階梯，而不是一開始就去找這幾位專家的原始理論，把自己弄得暈頭轉向。

確認學習座標，讓你的每一步更有動力

學習新的知識或技能，很重要的一件事就是記錄自己的學習成果。例如我很注重錄製影片時的口條流暢，所以平常就習慣用錄影或錄音的方式記錄自己的練習過程，然後反覆觀看修正，這個方式特別適用於需要口語或肢體表達的人。

我認為不管學什麼，都需要一個了解自己學習進度的方法。這是為了知道自己現在處於哪個程度、對知識掌握了多少，就像玩線上遊戲，會很清楚地知道自己是哪一個等級，遇到對手才知道對方是強是弱。

錄影、錄音、參加測驗，或把作品給同業鑑賞，都是找到自己的定位、鎖定座標的方式，現在也有很多學習語言的ＡＰＰ，會記錄你的詞彙量和學習曲線，也是很實用的工具。

學習就像爬一座大山，隨時都要清楚自己在山裡的方位，是在山腳徘徊，還是已經前進到山腰，或者快登頂了。記錄自己的學習歷程，同時參

考其他典範，也會讓我們更有動力繼續前進。

嗜好是最無痛的學習動機

除了借助專家、堆疊學習成就感之外，我也推薦從休閒嗜好著手，假設你想學英文，卻不一定有時間和動力去上課，不如就從生活中喜歡做的事情開始。例如，看YouTube是我每天的放鬆方式，我會找許多國外YouTuber的影片，因為沒有字幕，正好可以練習英文聽力。如果你喜歡打遊戲，也可以找劇情比較豐富的RPG，然後把語言切換成英文挑戰看看，有時候會發現玩英文版比翻譯版更有感覺，英語能力也在不知不覺中提升了。從休閒嗜好著手，不僅融入生活，而且比較無痛。

我如何考到多益910分的？

不鑽牛角尖！學習也要拿得起，放得下

如果以上的方式你都嘗試過了，還是覺得眼前的學習障礙跨不過去，我的建議是——暫停一下，先果斷地跳過它！很多時候，我們對某一個知識點不理解，是因為缺乏這個知識體系中其他的關鍵連結，也許繞開那個卡住的點，先去學習其他的關鍵連結，回過頭就能輕鬆破關。

創作影片時，我偶爾也會陷入這樣的情境。當一個知識很難理解，就會花好幾個小時試圖破解它，陷入鑽牛角尖的情緒。但有時會發現，當我理解整個知識架構後，當初卡住的點其實沒有那麼重要，而且根據我的經驗，一個知識體系通常會同時存在不同的參照點，不用太擔心跳過這個點，會不會影響後面的學習。

如果你意識到自己正在面對一個很難破解的障礙，不妨暫時擱置它。先去尋找其他的參照點，之後再回頭檢視當初跳過的地方，至少你的學習路徑還是繼續前進的，而保持前進的狀態對於學習動機和成就感也非常重要。

「拿得起，放得下」的心態為什麼重要？這又要回到開頭說的動機，當你在學習過程中一直累積挫折，就會持續削減學習動機。我們要很有意識地盡量不做會削減動機的事情，適時提醒自己轉換心態，把心理能量都耗在一個地方，對學習是沒有幫助的。

也啾是說⋯

當學習「卡關」的時候，一定要找出「關卡」所在，而其中最常見的關卡就是缺乏學習動機！這時候你可以：

一、請比你「多懂一點」的專家來為你指點迷津；

二、記錄自己的學習歷程，確立自己的學習座標；

三、和休閒嗜好結合，創造更多的學習動機；

四、設下停損點，不要鑽牛角尖。

07 最推薦的讀書方法是什麼？

讀過《人類大歷史》（*Sapiens: A Brief History of Humankind*）的人應該都知道，這是一本很顛覆觀念的書。過去，我們都認為從採集狩獵進入農業生活，是人類歷史上的一大進步，但這本書的作者卻提出另一種觀點。當人們為了種植小麥，必須花更多力氣整地、鋤草、引水灌溉，不但驅趕了其他動植物，而且工時更長，還讓小麥從中東默默無名的野草，在一千年內傳遍全世界。從這個角度看來，農業究竟是人類的革命，還是農作物的勝利？

如果沒有翻開這本書，就沒有機會接觸到這個創新的觀點，讓我們重新看待生活中理所當然的事物。除此之外，閱讀還能提供我們非常切身的幫助。例如有些人容易有情緒問題，焦慮易怒、無法控制自己的反應，透過閱讀心理學書籍，我們可以了解大腦和心理的運作機制，練習用比較抽離客觀的角度看待自己，利用一些覺察的方法幫助情緒調適。這樣的閱讀，雖然不會帶來對價感，卻對我們切身非常有幫助。

每個人看書的目的不同，有人是為了提升專業，有人是想解決人生困惑，這些都是好的動機。對我而言，透過閱讀吸收知識、獲得看待事物的新觀點，那種純粹的快樂更是無可取代。

先從身體下手，讓自己「坐得住」

我聽過很多人說：我沒有閱讀習慣、我不愛看書。但回想一下，你真的是從小就討厭看書的人嗎？其實，多數人都是進入國高中，為了準備考試，才沒有時間看課外書，能看的只有課本，於是開始把閱讀和考試連結在一起，從此討厭閱讀。

老實說，以前我也不是一個熱愛閱讀的人，會開始培養閱讀習慣，其實是因為大學時期對未來很迷惘。當時我開始接觸心理勵志、成功學的書籍，因為這樣，我開始「坐」在圖書館看書，這是很重要的第一步。

很多人不愛看書，是不喜歡坐著不動、拿著書、盯著字的感覺。我建議先從自己感興趣的書籍開始，在這個階段，小說就是不錯的讀物，因為小說有連貫的故事情節，比較容易吸引我們往下閱讀，讓身體自然做出「看書」的物理動作。先把閱讀和開心的感覺重新連結在一起，也讓身體習慣「坐下來」。

尤其是習慣追劇、看電影的人，先從小說下手，腦袋隨情節浮現畫面，可以幫助我們從影音刺激過渡到靜態文字。只要坐得住，就能讓生理影響心理，意識到「原來我是可以看書的人」，在心中建立起「我會閱讀」的心理印象。

「由外而內」選書法，瀏覽目錄就是手握羅盤

培養閱讀習慣之後，接下來就可以試著拓展閱讀的類型，耕耘閱讀的深度與廣度。當時，我先接觸成功學和心理勵志的書籍，內心覺得充滿動力，嚮往成功，卻還不知道方向在哪裡。於是我開始轉向創業書籍。

這個探索的過程，沒有特定的目的地，每個人都可以自由延伸閱讀的地圖。有的人可能會轉向語言學習、觀光旅遊；也有的人挑戰厚一點的文學小說，每個人選擇的路線、停靠點不同，這也是閱讀的樂趣。

有的人好奇，我是怎麼挑書？我認為，看什麼樣的書和你的動機有關。如果是想培養閱讀習慣，只要挑吸引你的書就好，不用管排行榜、書評，重點是自己讀得開心，心理上不排斥閱讀。

如果是想拓展閱讀類型，或者更進階地提升專業、獲取知識，不妨請朋友推薦、參考YouTube上的

我如何挑書、看書？

說書節目。如果你有特定的閱讀領域，也可以追蹤作者，把他的相關著作都找來讀，更能掌握系統化的知識。

選書時，很多人會直接翻開書頁，隨機閱讀。我比較建議「由外而內」，先看書的封面和封底。因為出版社為了吸引你買書，通常都會把這本書最吸引人的精華放在封面、封底和書腰上。畢竟在茫茫書海中，要吸引你拿起一本書並不容易，每本書的設計和包裝就像是出版社為你做的「電梯簡報」（Elevator Pitch），如果封面封底的資訊都引不起你的興趣，那這本書很可能和你無緣。

我知道很多人選好書後，會直接從第一章開始閱讀。但你是不是錯過什麼了？沒錯，就是目錄！為什麼目錄不應該被忽略？因為它就像這趟閱讀旅程的羅盤，讓我們事先掌握路線和目的地。

瀏覽目錄的好處，除了讓我們在閱讀前先掌握全書的架構重點，還可以讓我們知道自己的閱讀進度進展到整本書的哪個位置。就像電子書的進度條，讓我們知道目前看了多少，而紙本書的目錄也有類似的功能。

利用閱讀，培養線性思考力

至於怎麼讀書，每個人的習慣不同，有人會循序漸進從頭讀到尾，有人會跳著讀；有人喜歡一本讀完再換下一本，有人習慣同時讀好幾本。這些讀法都沒有對錯，而我想強調的是閱讀所培養的「線性思維」（Linear Thinking）。

在資訊俯拾即是的網路時代，閱讀素養、深度閱讀能力越來越重要。閱讀，提供的是和使用網路截然不同的經驗，當你翻開一本書，專心進入書中的世界，就開啟了幾十分鐘，甚至幾個小時的線性思維。一步一步地理解知識，甚至在不同的事件中尋求一致性，這都是相較於網路世界非常難得的體驗。

看書時，沒有超連結可以用，不能從A快速跳到B，所以我很珍惜透過閱讀培養線性思考能力的時間。但不要誤會，我並不是說跳躍性思考不好，在不同的概念中建立連結也是很重要的能力，它會打開想像力，讓我們發揮創意解決問題。最好的是同時擁有兩種思考方式，建立全面的邏輯思考架構，對於學習不同的知識體系會更有幫助。

反芻知識，找到適合自己的筆記術

最後，是如何在閱讀過程做筆記的問題。首先，我認為閱讀是有節奏的，所以不建議邊讀邊寫，這樣會打亂節奏、拖累進度，拖泥帶水的感覺也會影響閱讀的動力和心情。

我的習慣是，讀到重點就先用標籤紙做記號。讀完整本書後，再重新確認一次標籤，做第二次的重點篩選。剛開始看書時，很容易覺得處處是金句，但之後再回頭看，才發現有些地方其實不太重要。貼標籤紙的好處是可以撕掉，重新去蕪存菁，最後留下的重點會更符合整個知識框架。

市面上有各式各樣的筆記術，我認為不需要照單全收，如果能運用其中一、兩種適合自己的方法就很不錯了。我做筆記的方式比較簡單，通常是用「畫」的。當我理解書裡的內容，就會試著畫出架構或示意圖，畫圖比寫字簡便很多，而且未來也一定看得懂。好的筆記不只是謄抄，而是一個反芻的過程，試著用自己的話詮釋，確認有沒有真的讀懂這本書。

捨得放下，打破閱讀的迷思

許多圖書館為了鼓勵民眾借閱，都有設置借閱排行榜。不過，我想強調，讀得快、讀得多並不是重點，關鍵在於有沒有真正吸收書中的知識，內化成自己的能力、思考邏輯和價值觀，讓它成為一輩子受用的東西。如果有一天，你可以很自然地和別人分享一個概念，卻不記得是從哪一本書看到，那才是真的成功內化。

所以不是讀得快、讀得多就好，有時候也要「捨得放下」。如果你發現這本書沒有你需要的內容，或者沒有想像中有趣，甚至是一直無限迴圈地長篇大論，不如就果斷地放下它吧！不需要自我批判，好像沒看完就是虎頭蛇尾、三分鐘熱度、沒耐心，可能是這本書真的不適合你，不用勉強自己，不如拿起下一本書，只要繼續閱讀的旅程，就有不一樣的風景等著你！

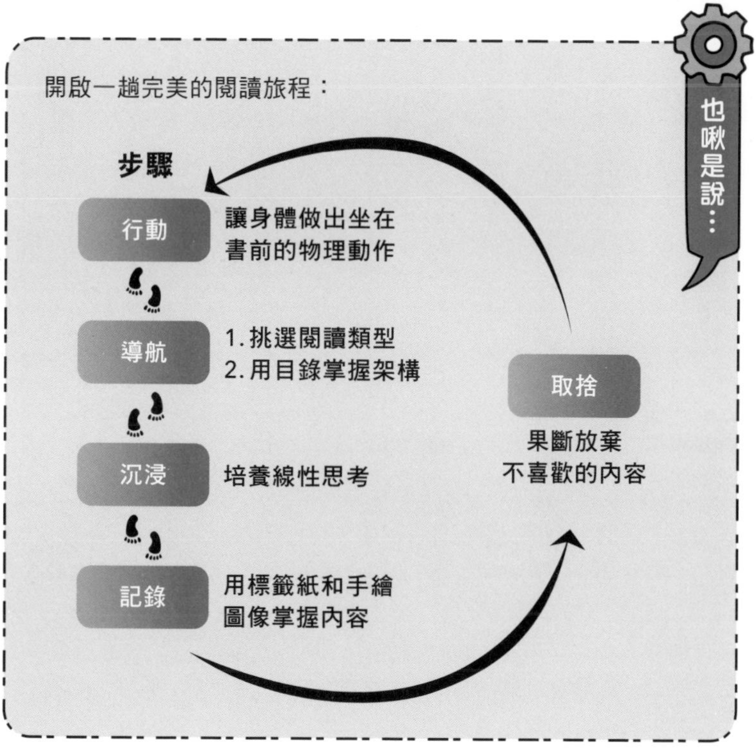
也啾是說…
開啟一趟完美的閱讀旅程：
步驟
行動
讓身體做出坐在書前的物理動作
導航
1. 挑選閱讀類型
2. 用目錄掌握架構
沉浸
培養線性思考
記錄
用標籤紙和手繪圖像掌握內容
取捨
果斷放棄不喜歡的內容

08 怎麼維持自律，達成完美的時間管理？

有些人可能會覺得，我看起來行程這麼滿，還要兼顧家庭生活，想必是個時間管理大師吧？我必須先說，我絕對不敢說自己自律，但我一直都在練習自律。所謂自律的時間管理，我認為可大可小，可能是你規定自己交完報告之後，打一個小時的遊戲，然後準時睡覺；也可能是你計畫一年之內考到某張證照，進而挑戰新的專業跑道。

其實人並不是生來就能自律，畢竟自律是一種對自己負責任的態度，甚至是一種道德發展。發展心理學家皮亞傑（Piaget）認為，自律的養成會經過這三個階段：無律階段（Stage of Anomy）、他律階段（Stage of Heteronomy）和自律階段（Stage of Autonomy）。

剛生出來的小嬰兒，或者一、兩歲的小孩不知道什麼事情可以做，什麼事情不能做，所以這個階段很強調家長的「以身作則」。開始有思辨能力之後，就可以被引導、被約束，在家庭、學校中建立行為模式；再大一點就有思辨能力，能夠「知而後行」。

自律，不是一旦養成就無法摧毀的習慣，而是生活中隨時和自己搏鬥的動態過程，畢竟人性是很脆弱的。例如，明明知道為了健康，應該少喝含糖飲料，但每次吃完飯還是忍不住來一杯；明明規定自己每天要讀一個小時的英文，但時間一到又找各種藉口拖拉。

想要自律，你需要先找到「動機」

其實，能不能自律，關鍵在於有沒有良好的動機。就像手機遊戲有「登入獎勵」，為了拿到獎勵，你就會每天登入，因為領取獎勵就是你的動機，只要天天有獎，一天沒領就會渾身不對勁。

現實生活當然比手機遊戲複雜許多，但我們還是可以透過兩種方式，主動創造動機：一個是提高回饋值，另一個是降低痛苦值。只要回饋值高於痛苦值，我們就有動力去做；相反地，如果痛苦值高於回饋值，我們就會想逃避。

所以要維持自律，只要增加回饋就好嗎？很可惜，人為的回饋其實是有限的，例如你設定讀完三個小時的書就可以吃一塊蛋糕，確實可能有效，但是效果比較短暫，而且治標不治本。那該怎麼辦呢？降低痛苦值就是另一種思考方式，例如你決定一天深蹲五十下，但一次做完真的太痛苦，不如分成早晚各做二十五下，不但可以達到次數目標，也比較無痛。

除了讓回饋和痛苦達到平衡，還有一種方法就是重新「包裝」動機。我曾經拍過一個用七天練習左手寫字的影片，誰沒事會用非慣用手寫字呢？對我來說

我花了七天的時間練習左手寫字，結果……

毫無動機可言，但我把動機轉移到我的工作，也就是影片創作，為自己創造一個任務，果然讓我確實達成目標，而且練習七天後，字跡真的進步很多。

很多人為了規劃時間，會把時程表做得鉅細靡遺，結果時間都花在做時程表，真正要做的事情反而沒有進展。這其實是一種逃避和拖延，代表你的動機不足，與其糾結在時間如何規劃，不如回頭審視你的動機。如果打從心底願意做這件事，或許根本就不需要時程表。

一週、一天，還是一秒？你可以更有意識地使用時間

協助時間管理的工具和技巧非常多，但我認為重點還是在於看待時間的「態度」。一般人規劃時間的單位，可能是一個月、一週或一天，但你知道嗎？頂尖人士的思考單位可能是「一秒鐘」！對他們來說，一分鐘的概念是六十秒，所以在這一分鐘之內，他有六十個小單位可以運用。這種看待時間的方式，就會讓這一分鐘的價值截然不同。

規劃時間時，不妨試著把時間切分得更細緻，原本預計大概兩個小時內要完成的事情，試著用一百二十分鐘去規劃，也許其實你只需要八十五分鐘，剩下的三十五分鐘可以做更有效益的利用。多做幾次這樣的練習就會發現，過去你對時間的掌握其實不夠精準，如果能把時間做更細緻的規劃，會幫助我們更有效地運用時間。

時間總是不夠用？
你一定要來看這本書！

「時間就是金錢」是一句老生常談，大家都知道不能浪費時間。我曾經介紹過《你怎麼看待時間，決定你成為哪種人》，這本書的作者谷本有香提到，對頂尖人士而言，「浪費」的定義可能和一般人不太一樣。頂尖人士認為「不在自己支配下」的時間才是浪費，而且他們善於賦予時間意義，例如參加聚會是為了拓展人脈、散步是為了身體健康、適時放空是為了想出好點子。

頂尖人士隨時隨地都很有意識地賦予時間意義，別人眼中的社交享受，對他們來說卻是有意識的投資。也因此，雖然他們擅長用小單位規劃時間，卻也同時能提出長遠的願景，例如十五年後的公司發展、三百年的企業願景。擁有宏觀的視野，也可以幫助自己確認「現在」的位置，更洞悉「此刻」應該要做的事情。

找到適合你的時間單位，避免濫用緩衝時間

自律的時間管理，是對自己負責的態度，也是一個需要不斷自我覺察、調適修正的動態過程。當你找到足夠的動機，也擬定了計畫，還要創造適合的時間空間，努力執行並且不斷地反思修正。

如果用股票來比喻，找到動機是「基本面」，善用技巧和工具就是「技術面」。最簡單的時間管理工具是把時間圖像化、數據化，尤其對「數字控」來說，這個方式特別有效。例如當過兵的人都下載過「退伍倒數計時

器」，它用進度條、倒數計時的方式呈現時間感，看著數字一天天減少、進度條一天天成長，視覺和心理都會很有感。

不過，不管用什麼樣的工具，都要記得找到適合你的時間單位。例如很多人會用番茄鐘，工作二十五分鐘，休息五分鐘。但二十五分鐘未必是適合每個人的時間單位，像我比較習慣讓手上的事情完成到一個段落再休息，那二十五分鐘的單位就未必適合我。所以找到適合自己的時間單位，讓工作有效率、休息也能很徹底，才能有正面穩定的心情，而不會去削減動機。

最後一個小提醒，是關於「緩衝時間」。所謂的緩衝時間，是在無法掌握的狀況下，保留時間的彈性，但也要小心濫用或依賴緩衝時間。我認為，時間主導權不在自己手上這種無法掌控的時候，才需要設定緩衝時間；如果你在家裡的房間念書，完全是可以控制的環境，就應該嚴格地執行時間規劃。不要把緩衝時間和休息時間混淆，也不要把時間的彈性當作偷懶的藉口。

自律的時間規劃，需要意志力，也需要一些方法。人的意志力畢竟是有限的，所以有時候不用孤軍奮戰，不妨找一群人一起執行，利用「社交壓力」督促自己完成目標。也別對自己太嚴苛，訂下不可能達成的目標，別忘了，動機永遠是維持自律的關鍵！

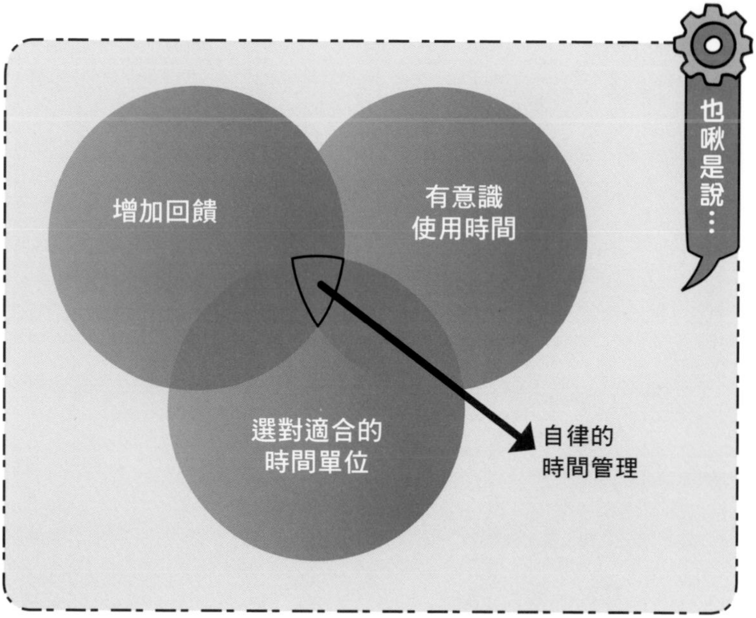

09 得到資訊焦慮症怎麼辦？

TIP

你是不是每天睡前最後一件事就是滑手機、起床第一件事還是滑手機呢？明明心裡也知道，各個社群APP都重新整理了好幾次，根本沒看到什麼真正重要的資訊，但卻還是不自覺地想滑下去？這種情形，就是所謂的「錯失恐懼症」（Fear of Missing Out, FOMO）！

這個詞的發明者派屈克·麥金尼斯（Patrick J. McGinnis）在《錯失恐懼》（*Fear of Missing Out*）一書中指出，全世界將會有超過十億人因此受害，他們隨時在害怕更新的資訊、更好的選擇出現，造成各種

為何科技如此讓人上癮？

心理焦慮甚至投資失利等更嚴重的影響，甚至連矽谷最大騙局——號稱女版賈伯斯創立的Theranos公司，也是因為當下前景一片看好，投資人害怕錯過機會，而不斷投入大把資金！

所以，害怕錯過新資訊，其實是非常正常的現象！仔細想想，這些科技公司雇用了全世界最聰明的那群人，他們整天所想的就是怎樣設計才能占據你的注意力，也就是所謂的「設計行為成癮」，就拿許多APP都有的「下拉以重新整理」這個連功能都算不上，頂多算是一個使用者經驗設計而已的「小巧思」來說，這個動作本身就是在模擬賭場裡拉霸機的下拉動作，就是一個企圖讓使用者不知不覺習慣使用的設計！由此可知，這些APP的最終目的就是要你成癮、就是要你耗時間在這上面，所以抵擋不過這些APP的誘惑也是合情合理的。

亞當・奧特（Adam Alter）在著作《欲罷不能》（*Irresistible*）裡提到，這些媒介透過設計目標、回饋、進步、升級、懸念、社會互動等，想盡辦法讓消費者黏在產品上，但黏住他們的可能也不見得是無用的資訊，他們可能非常有上進心、訂閱了許多知識性的頻道、部落格、買了許多線上課程，但最終都不了了之。這種知識的焦慮有時候比前述的無用資訊焦慮更難以克服，畢竟我們知道立意是良善的，反而不覺得有必要克服它！

陷入焦慮的循環

我認為，資訊焦慮的成因，其實來自於「資訊過載之後的空虛」。資訊過載指的是當一個人接收到過量資訊時，再多的資訊都會變得毫無用處，甚至產生影響判斷力的負面效果。

當我們將自己毫無防備地丟進各種新聞、社交、娛樂媒體以後，我們首先會得到吸收資訊的滿足感，但隨著吸收的資訊量越來越多，這種滿足感開始下降，直至最後開始出現了空虛感，像是：「我剛剛到底在幹嘛？」、「怎麼已經這個時間了？」、「又浪費了一個多小時滑手機」。

但這時，圍繞在我們身邊、我們熟知的、能很快滿足空虛感的東西是什麼呢？答案卻又是我們手上的手機，於是我們又回到了手機裡的各種

APP上，如此不斷周而復始，陷入一個焦慮的循環。

著迷科技，就用科技來幫自己的忙

難道沒有解決的辦法嗎？當然有！既然讓我們上癮的是科技，就用科技的方法來解決吧！除了有讓我們上癮的APP，其實也有許多讓我們戒除上癮、更有生產力的APP，其中最有名的之一，大概就是前陣子數位政委唐鳳也愛用的「番茄鐘工作法」吧！

用番茄鐘維持生產力

弗朗西斯科．西里洛（Francesco Cirillo）發明的番茄鐘工作法，就是指全神貫注地工作二十五分鐘，之後再休息五分鐘，不斷重複這個循環，透過這樣子的「間歇」模式，強迫自己從事有生產力的「正事」，而不是在資訊海中載浮載沉卻一事無成。你可以搜尋到許多幫助你計時和規劃任務的番茄鐘APP，像是Pomodoro Timer Lite等等。

強制專心小幫手

除此之外，為了戒除自己時不時就想看看新訊息的習慣，也可以透過一些強制自己專注的APP，這些APP會透過鎖住某些功能，讓你沒辦法隨心所欲地想滑就滑，像是Forest 專注森林、Detox、Flipd、Freedom等等，不過像Detox可能嚴厲到連打電話都有困難，沒有破釜沉舟的決心要慎重考慮喔！

浪費時間之前至少學到一些東西

另外有一個方法，就是既然無法戒除滑手機的習慣，那麼至少讓你在滑手機之前能多做一些有意義的活動，比如說WordBit、Semper，讓你在手機解鎖的時候可以背背單字。

敢於讓手機沒電

其實，結論就是，當感到空虛的時候，不要再讓手機成為你身邊唯一可以再次獲得滿足感的東西。而我最有效的一個解決方法就是——算好時間讓手機在這時候剛好沒電！

沒錯，聽起來很奇葩，但出奇地有效！我算過自己的手機在一五％電的時候，大約可以再用一小時，所以在晚上，已經不需要處理什麼正事的時候，我會允許自己滑一個小時的手機，滑到手機完全沒電自動關機，而這時候因為重新插上電源到手機可以開機，大約還要幾分鐘的時間，這段時間趕快去找別的事情來做，就有很大機率可以避免自己再浪費時間滑手機了。

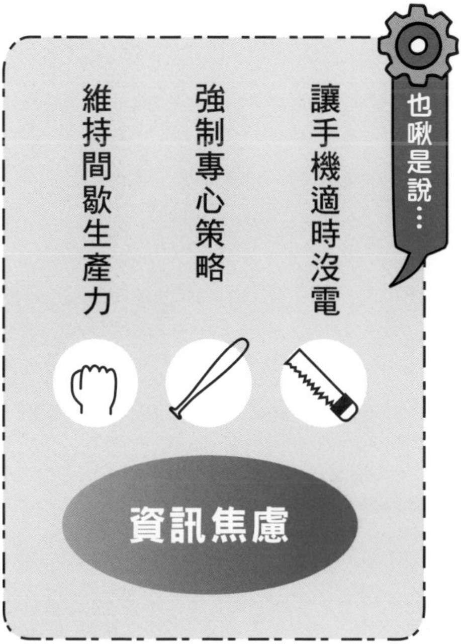

10 有哪些提升專注力的技巧？

有人說現在是一個淺薄的時代，資訊唾手可得，卻也一「滑」就過。於是，「專注」成為一項非常關鍵的能力，無論是深度工作力或深度學習力，都需要投入專注才能獲得最高的時間效益。但你可能會說：「我也想要專心啊，可是……」，這個「可是」不一定是你想找藉口，也未必是你的心理層面不夠穩定，可能只是你缺乏一些提升專注力的小技巧。

把「我不能」改成「我不」，化內在動機為外在動機

我的工作型態時常需要和別人接觸，但也非常需要完全專注的思考和創作時間。我的習慣是訊息來了，不要急著立刻回覆，因為如果真的是緊

急事件，對方一定會打電話過來。老實說，離不開手機的現代人，只要把手機丟到拿不到的地方，你就贏回一半的專注力了。

但我們得承認，能做到這種程度的人少之又少，那該怎麼辦？至少，我們可以試著減少使用時間吧？試試看選一個適合你的ＡＰＰ，例如前面提過的番茄鐘、專注森林之類的情境設定，如果一段時間沒有使用手機，小樹就會長大，「鼓勵」自己不被手機打擾。

３Ｃ產品的便利，有時候也是一種誘惑，要如何抵抗誘惑呢？其實，改變你的用字，就能大幅抵抗誘惑的能力。回想一下，你在抵抗誘惑時，是不是會告訴自己：我不能再看電視了、我不能再買東西了、我不能再賴床了。試試看，把「我不能」（I can't）改成「我不」（I don't）吧！

根據美國休士頓大學（University of Houston）的

身邊太多誘惑，讓你改不掉壞習慣？試試這招！

實驗，在一百二十位受試者中，說「我不能吃甜食」的人只有三九%拒絕了甜食的誘惑；但說「我不吃甜食」的人中，竟然有六四%成功將甜食拒於門外。為什麼？

這就是「內在動機」和「外在動機」的差別。當你說「我不能」，其實是釋放出一種「被外在力量束縛」的訊號；當你說「我不」的時候，則是用比較堅定的態度告訴別人「你是什麼樣的人」。實驗也顯示，用「我不」拒絕誘惑的人，成就感會比說「我不能」的人還要高。「我不能」確實可以在短時間內達到拒絕誘惑的效果，然而限制一旦消失，就會立刻鬆懈，而「我不」則可以維持較長的效果。

加強回饋，創造自己的「成功解鎖清單」

有沒有發現，很多人讀書時，可能十分鐘就會分心一次，但是打遊戲時卻可以非常沉迷，完全不受外界干擾？打遊戲之所以能讓人沉迷其中好幾個小時，是因為遊戲設計不斷地丟獎勵給玩家，包括角色數值提升、拾獲寶物、成功解鎖或各種酷炫的視覺效果，甚至幾秒鐘就有一個回饋。

同樣的道理，當你很難專注、容易分心，很可能是因為沒有好的回饋系統。除了外在的獎賞，我們也可以利用內在的動力和成就創造「回饋機制」，而且最好是讓回饋機制直覺化、進度化、視覺化。例如，在投入工作或學習之前，我建議先列出一個「成功解鎖清單」，每完成一項小任務，就打一個勾，看到完成的任務越來越多，就能實實在在感受自己的進度和進步。

這個方法對數字控特別有效，雖然不一定有實質的獎勵，卻會激勵內在動機，讓自己有動力繼續往前。將回饋機制進度化、視覺化的好處，還包括幫助我們自我檢視，就像下載軟體的進度條，讓我們清楚地知道現在任務完成到哪一步，清楚知道自己當下的定位，就可以及時調整修正。

從五感著手，創造一個不被打擾的工作環境

杜絕誘惑、加強回饋都是從心理層面出發，除此之外，你還需要一個能夠專注投入、不受打擾的空間。每個人能夠專注的環境不同，有的人需要完全安靜無聲，有的人在安靜的環境反而無法專心。我有時候會聽YouTube上幫助專注的音樂或聲波，幫助我隔絕掉外界的干擾，如果你可以接受一邊聽音樂一邊工作，也可以試試看這個方法。

除了聽覺，我們還可以從視覺和嗅覺下手。例如我喜歡把工作環境的燈光調暗，只留下頭上的那盞燈光，製造一種Spotlight的照明效果。燈光的聚焦，可以讓視覺過濾掉不必要的環境雜訊，幫助我進入專心的狀態，就不會出現眼睛瞥到桌上的CD，就順手拿起來聽；或者看到書架上的灰塵，就忍不住開始打掃的情形。

至於嗅覺，是很多人容易忽略的元素。想想看，一個有臭味的地方，和一個有香氣的地方，你比較想待在哪裡？當然是嗅覺舒服的地方，會讓

人願意待比較久。我通常會運用一些擴香道具，放在我需要長期專注的地方，讓空間飄散我喜歡的香氣，也能創造舒服愉悅的心情。雖然一個味道聞久了會出現嗅覺疲勞，但在剛開始投入專注時是非常有幫助的。

大腦是很棒的東西，
但你知道怎麼用嗎？

一心多用？別傻了，那只是快速切換工作而已

我知道，雖然專注的效益備受推崇，但也有人羨慕可以一心多用的人。他們看起來可以同時處理很多事情，大腦似乎可以靈活應付多工，生產力更高。但你知道嗎？其實，根據腦科學的研究，人是很難一心多用的，因為我們的注意力是有頻寬限制的，當你的注意力被某件事情占據時，它不太可能再無限擴充。而且當大腦被迫多工的時候，其實它被迫承受了更大的壓力，長期下來，甚至會影響記憶力、變得健忘。

那些看起來能夠一心多用的人，其實只是能快速切換工作而已。當然，快速切換工作的能力是有技巧可以練習的，但也別忘了，切換的動作不管再怎麼順暢，都會造成精神的耗損，而且隨著年紀增長，會覺得越吃力。所以最好的方式還是別分心！盡量不要被外界干擾，減少分心的次數，才是最有效益的工作和學習方式。

也啾是說……

杜絕分心可以歸納成三個方向：

一、轉化動機，把「我不能」改成「我不」；

二、強化動機，增加自己在過程中得到的正向回饋；

三、善用五感，從嗅覺、聽覺到視覺等各方面幫自己濾除雜訊。

11 有什麼克服懶散跟拖延的方法？

TIP

知名部落客提姆．厄本（Tim Urban）在他著名的TED演講「拖延大師的腦子在想什麼」中說：「不拖延的人根本不存在！」他認為所有人都有拖延症，只是嚴重程度不同，是否「發病」，也取決於當下的情境。

拖延症在有明確的「死線」（Deadline），也就是一件事情的最後截止日期時會特別明顯，典型的學校作業、報告、繳各種帳單等等，這些有確切截止日期的事件，最容易讓拖延症患者察覺到自己的拖延。

雖然惱人，但能察覺到已經算是不錯了。

拖延大師的腦子在想什麼？

ORGANIZE

最可怕的拖延叫做「總有一天」

你是否也常從別人口中聽到，或自己就很常說出這樣的話：「總有一天我要瘦下來！」、「總有一天我要賺大錢！」、「總有一天我要離職自己當老闆！」、「總有一天我要成為頂尖高手！」……等等的。像是這樣的話，即使沒有說出口，我想所有人都曾經在心裡面吶喊過吧！

但其實我們沒有意識到的是，這句話本身就意味著拖延了。當我們說出這句話的時候，其實腦中想像的是這件事情「已經完成」之後的樣子，而不是中間的「執行過程」。其實人的大腦是很難分清楚現實與想像的，當我們在想像事情完成的樣貌時，其實就已經得到了部分的回饋，當下就完成了自我滿足，所以就更容易陷入「做白日夢」的處境了，當然也就更不會著手實踐囉！

拖延的本質與病根：不願改變現狀

想克服拖延，當然要先挖掘內心深處造成拖延的「病根」。根據《拖延心理學》（*Procrastination: Why You Do It, What to Do About It Now*）一書的分析，大概可分成幾種原因：

一、非適應性完美主義：心理學家漢麥切克（D. E. Hamachek）將完美主義分成非適應性與適應性完美主義，前者不如後者那樣，是能夠把一切都做到百分之百完美的高效率神人；而是對自身的要求很高，經常過分理想化而輕忽現實，所以常常達不到設定的標準，然後因為這樣責怪自己，甚至衍伸出「要不就做到完美，要不就乾脆別做」的心態而導致拖延。

二、爭取主控權：為了顯示主控權在自己手裡，而非應別人要求或命令而去執行，會故意拖延執行的時間，來顯示自己能夠控制整件事的進行。

三、疏離恐懼症：有些人在獨處的時候難以獨自把事情完成，會害怕自己無法與他人連結，因此甚至會故意拖延，期待有人來拯救自己，因此這類人和團隊在一起時效率特別高。

為什麼我老是愛拖延？（上）

其實，拖延只是一種「症狀」，真正的病根是「不願改變現狀」。如果我們以物質所具有的能量高低來做比喻的話，原始狀態下可以稱之為「低能階」，而開始一件事情則是需要能量的輸入，讓人的狀態提升到「高能階」才能開始。

但是就像熱力學定律一樣，「萬物傾向於低能」，只要系統外沒有能量輸入的話，系統最終就會進入「熱寂」（Heat Death）的永久靜止狀態，這也是宇宙最終的宿命。人在處理事情時其實也有類似的機制，當低能狀態與高能狀態差異過大的時候，就必須要有強烈的動機，像是「組員給的壓力」、「時間壓力」、「不做就慘了」等等，才能讓人願意跨過那個門檻開始行動，如文末圖一所示。

克服拖延第一招：多做一個步驟

等等，因為拖延而堆積如山的事情不是已經夠讓人頭大了，為什麼還要再多加一個步驟呢？其實，這個步驟有點類似無障礙坡道的作用，既然我們不願開始執行事情的核心任務，那我們就多給自己一個「坡道」，來幫助自己跨過那個很高的門檻。在很多情況下，多一個步驟，反而會讓事情進行得更輕鬆，見文末圖二所示。例如，我真的不想開始寫通識期末報告，這時候我為自己設置的坡道就可能是先列出一個報告架構，或是先Google所有可能用在報告裡的案例資料，或甚至只是看一則和題目相關的

TED Talk，讓自己離做報告這件事情的門檻稍微近一些。

所以，當我們在為一個大型專案訂定執行計畫的時候，千萬別太沉浸在計畫能夠按部就班執行的幻想中！你可以在一開始就多訂定一個額外的步驟，來幫助自己踏出第一步，如文末圖三所示。

為什麼我老是愛拖延？（下）

克服拖延第二招：讓拖延更有意義

史丹佛大學教授約翰・培利（John Perry），在著作《拖拖拉拉，人生照樣精采》（*The Art of Procrastination*）中提到了所謂的「結構性拖延」（Structured Procrastination），這個名詞聽起來很有學術味道，但其實本質上很簡單，就是「讓各種有意義的事情互相拖延」。

這其實是一種順著人性弱點的策略，也就是說，我們知道自己愛拖延，也不用想辦法去「克服」這種心理，而是乾脆讓它拖延，只是我們拖延的時候做的事情，是手上其他也等著我們做的事情。

比如說，你手上同時有專案報告、回覆客戶與報稅這三件事情要做，就把這三件事情當作你互相拖延的框架——如果你現在不想開始做專案報告，那就乾脆去回覆客戶的信件，或是下載報稅軟體開始報稅。而如果你想晚點回覆客戶，那就先做一下專案報告吧。

類似這樣的方式，這樣即使拖延了，罪惡感也比較輕一點，同時其他重要的事情也一併開始進行了。當然，還是要注意每件事的截止日期，別光是開心地完成一堆簡單的事情，而忘了慢慢逼近的死線了！為了避免這種狀況，你需要列出一個「待辦清單」，擺在清單前面的，就是好像有期限但其實沒有「明確」期限、看起來有點重要但沒有到極度重要的，這樣當你想拖延時，就會繞過它往下面其他選項去找，結果反而會把其他有明確期限、而且真的很重要的事情完成。

當然，以上兩種方法也可以混用，你可以在每個專案的開頭都多設置一個緩衝步驟，然後讓多個專案彼此互相拖延。

也許有些人會覺得，自己跟自己還要這樣玩心機，未免也太累了吧！但其實細想，我們最容易欺騙的人往往就是自己，像是「我明天就會開始」、「這件事我最後一天再做就好了」、「等我看完這一集就要開始動工了」這類的自我欺騙，就是讓拖延症逐漸惡化的根源，長久下來容易讓人產生「一事無成」、「懶散怠惰」的自我評價，這時候要改正就更困難了！所以，現在就開始正視並改善自己的拖延症吧！（或是，等一下再說吧？）

也就是說…

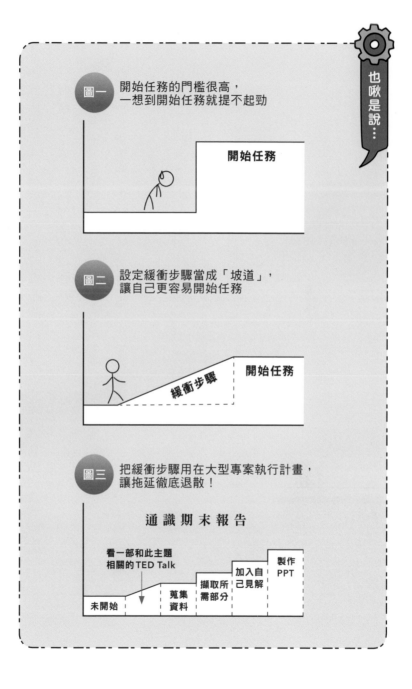

圖一 開始任務的門檻很高，
一想到開始任務就提不起勁

圖二 設定緩衝步驟當成「坡道」，
讓自己更容易開始任務

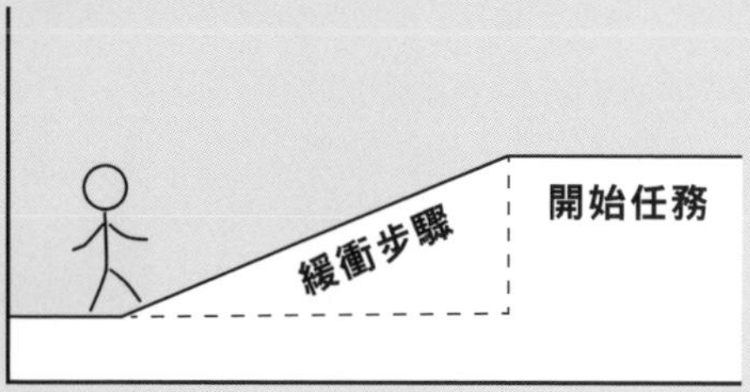

圖三 把緩衝步驟用在大型專案執行計畫，
讓拖延徹底退散！

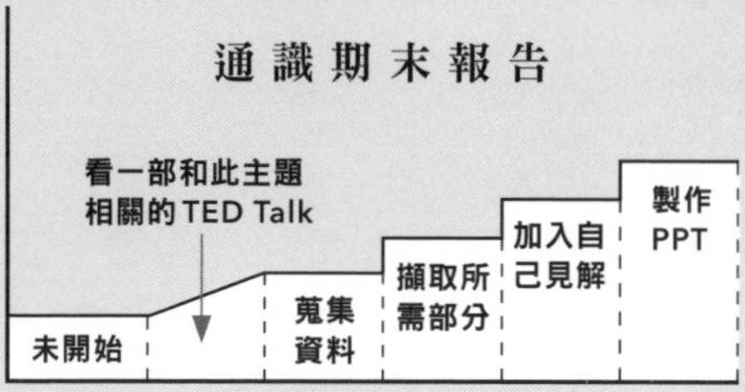

CREATE

PART II

熱思考的創造

——把自己的東西變出來

01 如何質疑看起來理所當然的一切？

先說明一下，這一個Tip的目的，並不是真的要你無時無刻質疑身邊的一切事物，因為從實務面來說，在大多數的情況下，我們還是非常需要用所謂「理所當然」的事物，來進行快速的決策判斷。其實，從演化心理學來說，人類本來就是靠各種「刻板印象」和「成見」來做各種生存所需的迅速決策。

想像你是一個原始人，在叢林中發現另一個部落的人，雖然看得出來都是人類，但這些人的服裝、膚色、髮色，甚至瞳孔的顏色都和你不一樣，用你聽不懂的語言交談。這時候身為原始人，你的最佳生存策

為什麼我們從未獨立思考？

略並不是展示友好，宣揚你「世界大同」的理念，而是必須先靜觀其變，等真的確認對方沒有威脅性後，才能有進一步的接觸。

這聽起來很殘酷、很現實，但這就是我們的老祖先能存活下來的方式。但是時代不同了，現代社會早已不是這種靠直覺生存的社會，談論到知識或經驗的來源時，也應該保留懷疑的態度，而不是照單全收。這一個Tip主要是希望大家在行有餘力的時候，能透過質疑一些既定認知、以此培養好奇心與思考能力。

沒有所謂的「理所當然」，那些都是「知識的假象」

在我們要質疑「理所當然」之前，首先要了解一下所謂的「理所當然」。我們可以問自己：這些理所當然（也就是我們的刻板印象和成見）是來自哪裡？是因為身邊每個人都這麼說？還是因為師長告訴我們，或是媒體和書本都是這樣呈現？為什麼我們會覺得它們理所當然？透過這樣抽絲剝繭，在第一步質疑我們看到與聽到的一切。

史蒂芬・斯洛曼（Steven Sloman）、菲力浦・芬恩巴赫（Philip Fernbach）在《知識的假象》（*The Knowledge Illusion*）裡提到：「新資訊只要違反既有因果模型，我們很難聽得進去，因而會加以排斥，若資訊不符身邊親友的立場就更容易如此。」由此可見，沒辦法質疑理所當然的舊事物，會影響我們涉獵新事物的可能，甚至受到「達克效應」（Dunning-Kruger Effect）的影響，高估自己的能力，忽視自己的無知，然後永遠沒辦法進步。

這時候，「理智謙遜」（Intellectual Humility）就扮演了很重要的角色。美國批判性思考領域權威琳達・艾爾德（Linda Elder）和理察・保羅（Richard Paul），在《三十堂帶來幸福的思辨課》（*30 Days to Better Thinking and Better Living Through Critical Thinking*）書中提到，這就是認知到「一個人不該言過其實，並去除狂妄、自誇或自大，再加上能對個人信念是否欠缺邏輯基礎，保有深刻的認識」。

破解理所當然的直球攻擊：問出「為什麼」

豐田汽車創辦人豐田喜一郎的父親豐田佐吉，本身也是一名創業家與發明家，他對豐田喜一郎日後經營豐田汽車的方式有非常深遠的影響。豐田佐吉的成就中最著名的一個案例，就是他開創的「五問法」（5 Whys）。

「五問法」的道理其實很簡單，就是遇到任何問題，至少都問五次為什麼。當然「五」只是一個大略的數字，重點在於不斷地將問題追根究柢，最終才能看透問題的本質。而如果我們要打破既定的「理所當然」，最好的方式也是如此。當我們對一個現象感到困惑時，不妨問問自己或告訴你這個知識或經驗的人——「為什麼」？

我的YouTube頻道裡絕大多數的影片標題，也都是從「為什麼」出發，問出一個可能大多數人都會懷疑的問題，例如：「為什麼蟑螂死掉會翻肚？」、「為什麼下雨前、後都會聞到一種味道？」……等，然後持續不斷地往下問，最後找到答案。

如果你不斷地往下問，到最後發現只能得到「沒有為什麼」、「這就是事物的基本規律」的話，那就代表你已經「觸礁」了，你已經抵達了問題的核心。

九宮格思考法：逼自己用不同角度看事情

這是我在大學時期學到的一個方法，原本是用來做創新點子發想的創意技法，後來我發現，用來幫助自己用不同角度分析一件事情也非常有幫助。

這個方法很簡單，就是在紙上畫一個九宮格，並且在中間的格子裡放入思考的主題，然後逼自己在這個主題周圍的八個格子中，找到八種不同人群的視角來看待同一件事。例如：發生了一起精神疾病患者傷人事件，要如何針對這個議題做思考的練習呢？

首先，將事件本身放入中間的格子。上下兩格我通常會放跟事件有直接關聯性的人物，比如加害者與被害者。左右兩格我會放間接相關人物，例如加害者家庭、被害者家庭。而角落的四格則會放其他旁觀者的角度，例如新聞媒體、認為精神疾病患者不應被責怪的輿論、認為應該究責於精神疾病患者的輿論、法官的判決。

習慣這樣做，可以幫助自己在思考一件事情時，不會只從自身角度，或是眼睛看得見的輿論角度（網路論壇、同學同事、親人朋友等）切入，而可以保證至少用八種不同的角度來切入思考，強迫自己做角色切換，就能避免陷入「這件事情理所當然應該是這樣」的思考陷阱了！

也啾是說…

善用九宮格思考法，把各式各樣自己感到質疑不解，或希望能發展出完整洞見的議題，放到九宮格的中心去，例如精神疾病患者傷人事件，九宮格就可以這樣填：

新聞媒體 聳動報導 強化大眾 對精神病患的排斥	**加害者** 已經就醫卻仍 無法控制自己	**精神疾病患者不應被責怪的輿論** 長期汙名化 關懷弱勢族群
加害者家庭 家中不定時炸彈 定時陪同就醫 但沒有好轉	**精神病患傷人事件**	**被害者家庭** 頓失經濟支柱 需要得到 正義與賠償
究責於精神疾病患者的輿論 脫罪之詞 不應該到處亂跑	**被害者** 需要得到 正義與賠償	**法官的判決** 司法精神鑑定 減刑

02 如何問出別人問不出的問題？

這裡指的「別人問不出的問題」，指的是比別人更深入、更有洞見的問題。而這需要的其實是在發問之前的內在思考能力。

許多人一提到要問問題，就一股腦地把腦袋裡第一時間想到的問題往外丟。這其實是一種常見的思考惰性，是一種想直接把問題丟給別人去思考、去解決的行為，這樣提出的問題不但無法透過雙方問答之間的互動，增進提問者與回答者自身的思維深度，也無法針對該問題產生更深入的理解。

這裡提供幾個自我檢視的方法，讓你在提問時可以問出更有深度的問題。

CREATE

能Google到答案的問題，絕對不是好問題

在網路發達的現代，那些不須多加思考的、立即浮現在我們腦袋裡的問題，通常只要上網Google一下都能馬上找到答案。這種問題基本上有一個既定的、或者至少是絕大多數專家公認的標準答案，這種已經有標準答案的問題，應該是提問者本身要做的功課。將這種問題丟給回答者，其實會被認為是不夠負責任的提問。

比如說，我曾經收到私訊問我：「為什麼曼陀珠遇到可樂會大量冒泡？」這種問題只要Google一下很快就會有答案，也並非只有我才能回答的問題，雖然我還是很樂意回答，但特地詢問這種問題，反而只會耗費雙方的時間。

只有回答者能回答的問題，才「有可能」是好問題

提問時最需思考的一個核心就是：「這個問題是不是只有他能回答？」如果是的話，才有提出問題的價值，如果這個問題任何人都能回答，基本上有很大的機率在網路上就能找到答案，那就跟前面提到的「能Google到答案的問題」並無二致了。

真正有價值的問題，往往牽涉到回答者個人的經驗與歷練，這種具有無可取代性的答案，才有提問的價值，例如詢問專家學者在資料蒐集時怎麼驗證文獻的可信度、詢問越野運動員怎麼在賽場上避免扭傷……等。

但要注意的是，私人生活或八卦等等問題雖然也是只有本人才能回答，但絕對算不上是什麼好問題，不僅無禮，更有可能惹怒對方。除非你是八卦新聞的記者，否則應該盡可能避免問這樣的問題。

限縮範圍，用「精確性」塑造好問題

「請問您對人工智慧的發展有何看法？」這個問題乍看之下是個沒有標準答案的問題，也符合上述兩點「無法Google得到」、「只有回答者才能回答」的問題（因為是個人觀點），但缺點就在於這個問題太過廣泛。

要把問題的範圍限縮，回答者才能有效率地回答到問題的核心。限縮範圍的方法包括以下幾種：

一、以「時間」限縮：請問您對於未來十年人工智慧的發展有何看法？

二、以「事物的範疇」限縮：請問您認為未來十年人工智慧對於人類的就業有何影響？

三、以「對象的範疇」限縮：請問您認為未來十年人工智慧對於金融工作者的就業有何影響？（假設回答者本身背景與金融相關）

限縮至此，就有非常清晰的範圍出現了，回答者就可以更有效率地回答這個問題，回答的層次也將更為深入。

提問就像拋接球，不用急於「開口就有好問題」

根據我的經驗，真正的好問題往往不會在一開始就被提出，真正厲害的提問者是能先提出一個概括性的問題（但仍然符合前述「好問題」的條件），接著根據回答者的問題應變，就像玩拋接球一樣，可能來回好幾次以後，才問出最有價值的問題。

許多採訪的訪問者都會事先提供「訪綱」，讓受訪者先知道大概會有哪些問題，但普通的採訪者只會對訪綱照本宣科，一題一題地問下去，然後在受訪者回答時，用錄音或筆記記錄下來。而出色的採訪者則不受限於訪綱，能夠根據受訪者的回答馬上提出新的問題，一直到問題完成一個閉環（Closed-Loop）之後，才接著詢問訪綱的下一個問題。

以下用一個我受訪時常見的情境來舉例所謂的「問答閉環」：

問：請問你對於YouTuber接業配這件事有何看法？

答：我覺得YouTuber這個工作就像任何工作一樣，都是需要營利的，身為工作者讓自己的利益最大化，把自身當作一個企業經營並沒有什麼不對，只要基本的法律與社會道德底線有把持住，同時仍能持續提供觀眾價值，又能守住自己本身的原則，那業配本身其實並不是一件壞事。

問：那你在做業配的時候，有沒有什麼原則是一定不能打破的呢？

答：當然有，首先是產品必須我自己試用過而且覺得滿意，我才能放在影片裡介紹，否則就是一種欺騙觀眾的行為。再來就是，我必須要在業配的同時提供價值，因為真正需要產品的觀眾可能只有

○・一%，但對於其他九九・九%的觀眾而言，如果影片對他們沒有任何價值的話，那就是在浪費雙方的時間，所以即使是做業配，也要傳遞出創作者本身要傳遞的價值。

像是如果是做搞笑影片的，那業配也要讓觀眾覺得好笑；做知識類影片的，那業配的同時也要讓觀眾學到一點東西；如果是以個人特質為主的創作，業配的時候也要融入個人獨特的觀點與使用經驗，而不是針對廠商提供的行銷台詞照本宣科。這些是我覺得業配應該要做到的。

問：所以你認為身為創作者最重要的一件事，就是不能偏離核心價值嗎？為什麼？

答：沒錯，因為觀眾當初就是因為我們傳遞出的核心價值，才願意關注我們，不管是搞笑、白爛、厭世、教育、知識、個人魅力……等等都是，我們也是因為他們的關注，才能在市場上擁有生存空間。不管是為了業配還是任何其他因素而背離自己的核心價值，要嘛就是先和觀眾做好溝通，讓他們知道「我要轉型做××類的影片」，否則就很容易喪失觀眾的信任了。

像這樣的拋接球就是我曾親身經歷過，對談非常舒服的一次訪談經驗。而有些剛入門的採訪者，就會在回答完第一個問題後直接切斷，直接轉向下一個毫不相關的問題。如果是這樣的話，這種訪談結束後，其實受訪者會有一種：「為什麼不乾脆用文字往來就好，何必面對面受訪？」的感覺，這就代表雙方沒有在玩拋接球，而是各玩各的球了。

也啾是說…

問答就像拋接球，要根據上一個回答找出下一個問題，創造完整的「問答閉環」。以文中的YouTuber接業配為例：

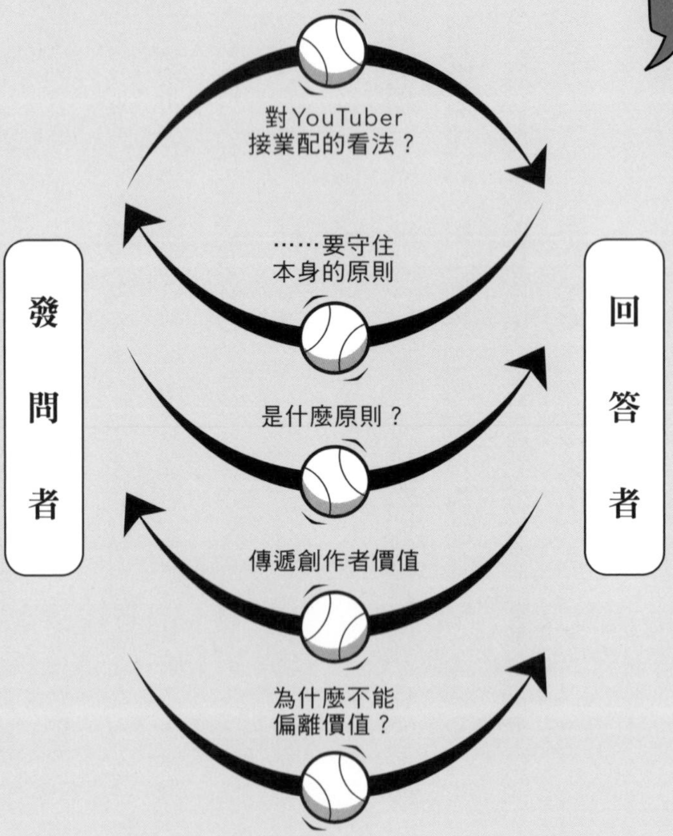

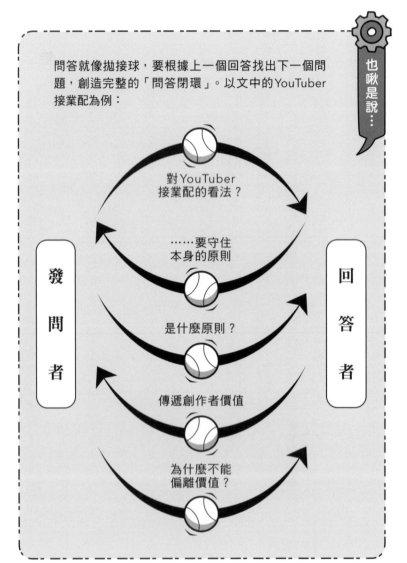

發問者
回答者
對YouTuber
接業配的看法？
……要守住
本身的原則
是什麼原則？
傳遞創作者價值
為什麼不能
偏離價值？

03 怎麼在生活中培養隨時隨地思考的能力？

TIP

盯著看十秒，打造「猶昧感」

大家可能聽過「既視感」（Déjà vu），就是明明沒到過這個地方、沒看過這個場景，但卻有種似曾相識的感覺。其實人類還有一個奇特的現象叫做「猶昧感」（Jamais vu），和既視感完全相反，猶昧感是指明明對這個人事物已經很熟悉了，卻突然有一種陌生的感覺。

我很常經歷這種感覺，而因為熟悉的事物突然變得陌生，就會讓我重新審視我眼前的這個東西。當然猶昧感可遇不可求，是隨機發生的事件，但即使沒有發生，盯著一個事物多看十秒鐘，也常常會讓人產生對這件事物的好奇心，用不同的角度來看待它。我的許多冷知識系列影片的主題就是這樣想出來的！

從好奇心開始的主動「挖掘」

好奇心可以說是人類最重要的資產，可以說人類的一切文明都是源於我們的好奇心。但當我們進入僵固的教育體系後，便不再被鼓勵擁有好奇心，除了對升學、就業有幫助的知識以外，其他一切都不重要。

在《好奇心的幸福力量》（*Curious?*）一書當中，作者陶德・卡什丹（Todd Kashdan）提出，因為好奇心，我們會進行探索，而當獲得滿意的結果時，我們便會想要重複這個過程。當我們不斷重複這個過程，便會開始發展出自己的能力，進而提升自己的知識與技能，而隨著知識與技能的提升，我們便會有更開闊的人生。

絕大多數人在經歷過死板的填鴨教育與每天各種媒體的資訊灌輸，已經習慣「被動」接收資訊了，這也造成許多人脫離孩提時代後，就鮮少體驗過好奇心獲得滿足的喜悅。

想要幸福的人生，
就別再追求快樂了！

想要重新開始培養好奇心，就從觀察身邊的事物開始。我自己試過非常有效的一個方法就是——「把自己當成觀光客」，這能大幅提升我們觀察的敏銳度。

別低頭當個本地人，請抬頭當個觀光客

如果你仔細觀察過就會發現，路上誰是觀光客、誰是本地人其實非常容易分辨，只要視線四處張望的，有很大機率是外地人或觀光客；而眼神筆直，或邊走邊滑手機的，則大多是通勤的本地人。

把自己當成觀光客，想像自己初來乍到此地，即使同樣的路線你已經走過無數次了，只要用觀光客的眼光就能發現許多有趣的事物。捷運站的大型廣告看板，上面的圖文設計和其他地方有什麼不同？站務員的服裝設計是什麼形式……？

當我們對一個地方熟悉之後，便會漸漸忽略其他的細節，除非突然有巨大的轉變，不然我們很容易將身邊的資訊過濾掉。而想像自己是觀光客的練

習，便能幫助我們重新打開自己的感官，好好地體察身邊的事物。

我習慣將觀察到的有趣事物，先記在手機的記事本上，等到回家後如果仍然覺得這個觀察或問題很有意思，便會開始上網查詢相關的資料，往往都能有所收穫。這樣做不只能夠避免當下馬上拿出手機，卻又馬上被手機上的通知吸引住的風險；也能過濾掉一些其實無關緊要的資訊，找出真正有意思的觀察，甚至可以像我這樣，醞釀成下一支影片的主題，成為適合分享給其他人的有價值資訊！

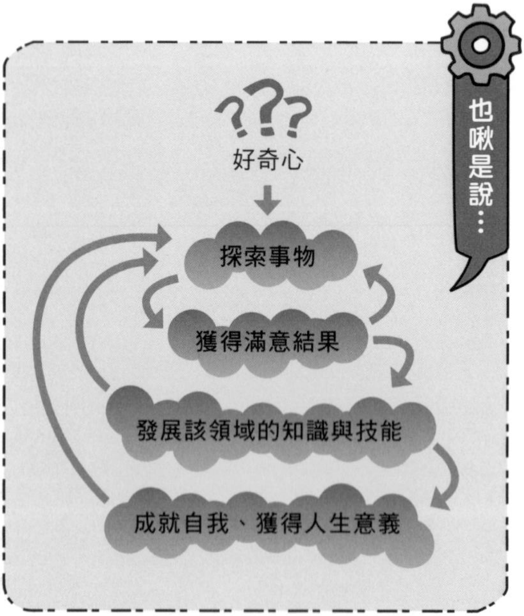

04

為什麼我看了很多東西，但還是講不出什麼東西來？

TIP

無論你從事什麼工作，應該多多少少都有在公開場合說話的機會，開會、簡報、上台演講或尾牙主持，「表達」可以說是攸關生涯發展的必備能力。但很多人都有這樣的經驗：開會時被問到意見，突然腦筋一片空白；在社交場合和不太熟的人聊天，覺得沒話題好尷尬，不管是答非所問或吞吞吐吐，最後總是換來一股懊悔。我知道對許多人來說「講不出東西」真的很困擾，因為你不是「沒有想法」，而是「說不出來」！

從接收到吸收，再從吸收到產出

很多人都看過說話技術、簡報技巧之類的書籍，但學了一堆技巧，真正遇到實戰時卻無法有效發揮。有沒有想過，會讓對方覺得你說話的內容太膚淺、不夠吸引人，甚至懷疑你是個沒有想法的人，其實不一定是技術面的問題，很有可能是因為你的思考不夠深入。

這個時代，我們可能隨時隨地都在「接收」資訊，但是有可能根本沒有好好「吸收」，整個過程中只是囫圇吞棗地接受；又或者是「接收」了、而且也「吸收」了，對這些資訊有了基本的了解，但是沒有試著用言語或文字產出，所以無法確認自己到底掌握了多少。

練習表達，也是確認自己到底懂不懂、以及自己的觀點究竟是什麼，練習說清楚的過程，也是幫助自己歸納、建立觀點的好方法。如果針對一個觀念或事件，可以很順暢、很有自信地說出來，才代表你真的理解，而且有自己的觀點。

多想一個問題——每天都可以做的思考鍛鍊

我們常在媒體上看到「人工智慧時代，人類的工作即將被取代」，或者「台灣即將邁入超高齡社會」，一般人看了可能只會覺得：「喔，這樣啊。」這種反應代表你只是看到資訊，但其實沒有什麼感覺，也沒有進一步的想法。

要鍛鍊深度思考力，你應該想想：「然後呢？」，並且試著「多問一個問題」。例如你可以問：「人工智慧現在發展到什麼樣的地步？」、「哪些人類工作最有可能被機器取代？」、「超高齡社會的定義是什麼？」、「台灣的長照制度做了哪些準備？」多問一個問題，就表示你多想了一下，對這個議題有更深入的思考。

我曾經介紹過《零秒反應力》這本書，作者提到只要一支筆和一張A4紙，在日常生活中就能

如何訓練反應力，
瞬間回答任何問題！

鍛鍊思考力。例如，我發現相較於YouTube頻道，追蹤我Instagram的人以女性偏多，而且年齡層比較輕。這時候，我就可以在紙上寫下延伸問題：「Instagram的用戶以年輕女性居多，但實際數據為何？」、「要不要調整發佈的內容，更能引起共鳴？」、「這群人比較偏好直播的形式，我要不要試試看？」

這個練習的重點在於廣泛地發想，不需要花太多時間，想到什麼就寫下來，盡量在一分鐘之內完成。這樣做的好處是鍛鍊思考的能力，為自己的談話內容鋪下一張網。如果你明天要在會議上報告，也可以先列下討論的事項，以及別人可能會問哪些問題。當別人問起時，你就會有「哈！我就知道你會問這個」的心理優勢，因為你已經想過相關問題，也就能回答得更有底氣。

累積你的話題資料庫，有一天就會派上用場！

剛開始拍片時，我也覺得腦袋裡有很多很棒的主題，但開始寫腳本或錄影時，又說不出什麼重點。後來我發現，講不出內容、或說出一堆廢話是必經的過程，只要大量練習就有機會改善。只要為自己創造一個安全的練習環境，即使說一堆廢話也沒關係，像我知道拍完可以剪輯，只要一堆廢話裡有幾句重點，剪出來就可以了，久了之後我就知道哪些是廢話、哪些時候需要適時的空白。

我也很喜歡利用騎車、開車的時間，隨意想一個主題練習即席論述。不需要太過正式，想像你和朋友聊天的感覺，例如介紹一部你最近看過的電影，聊聊你最喜歡的場景；或者針對最近的時事，說說你的看法。在自言自語的過程中，你會不斷地練習將自己吸收到的資訊，整理成順暢的內容。

這樣的練習，在我接受採訪或演講時就會派上用場，例如很多時候我會遇到類似的提問，第一次回答時有點卡卡的，第二次就順很多，第三次又說得更流暢。於是我發現，累積「話題資料庫」是非常重要的。別人會覺得啾啾鞋的口條很好，其實是因為我大多事先練習過了，早就想過這個話題可以怎麼說。

就算你平常不需要公開演說，一定也有必須和陌生人交談的時候，例如你需要開發業務，或者和第一次合作的對象見面，甚至只是和鄰居閒聊，這些人際相處都需要類似的話題資料庫。而且練習久了，你會發現生活中最常聊的不外乎工作、時事、影劇、休閒娛樂，從這些方向下手，先準備好幾個話題，慢慢累積屬於你的話題資料庫。當累積到一定的題材時，你會發現別人問的你已經練習過了，就能有信心地從容開口！

引人入勝的說話，也需要好好設計

除了累積話題資料庫，你也可以練習把自己說話的樣子錄下來，大多數的人都會發現自己說話卡卡的、很多冗詞贅字，就算一股腦地把想法表達出來，卻無法吸引人。如果你需要闡述一個比較複雜的概念，或者用某些論點去說服別人，這時候該怎麼辦？我的經驗是，除了整理出自己的觀點，也要站在聽者的角度設計說話的方式。

為什麼洗澡時總愛胡思亂想？

例如我的影片中，有許多是只有理工宅才知道的專業知識，一般人可能根本完全沒有概念，要怎麼樣在短短幾分鐘的時間，讓大家理解背後龐大的資訊量呢？例如我曾經做過一個「為什麼洗澡時總愛胡思亂想？」的影片，在開啟討論時，我先使用提問法，詢問大家洗澡時會不會特別喜歡想東想西？有沒有在洗澡時突然靈光一閃的經驗？這樣的提問是透過大家熟悉的經驗，用大眾有共鳴的點，慢慢引導他們進入知識框架。

接著，我再說出：「神經科學家也對這個奇特的現象感到好奇，甚至有統計指出，七二%的人曾在洗澡時想出好點子。」到目前為止，還沒有任何專有名詞或艱澀理論出現，但這時候觀眾看到「神經科學家」就有心理準備，知道接下來可能有理論介紹，即將進入深度知識的範疇。同時我也丟給觀眾一個統計數據，還不需要解釋太多，但讓他知道這是有科學基礎的。

接下來，我再提到科學家提出的原因，第一是分泌多巴胺，第二是習慣性動作，第三是預設模式網絡。這時候專有名詞出現了，但因為前面已經有心理準備，觀眾就不會覺得害怕或抗拒。接著，我先用比喻的方式，很口語地說明預設模式網絡就像電腦的待機模式，在我們放鬆的情況下就會進入這樣的模式；但同時也指出預設模式網絡和待機模式的差異在於，我們的大腦在預設模式網絡的狀態，其實比認真工作時更活躍，也就更容易聯想到其他事情，產生靈光一閃的頓悟。

這種循序漸進的鋪陳，是我摸索出來，讓觀眾看得最舒服的方式之一。當然，要輸出之前，需要先有輸入，對資訊有充分的掌握和消化，才能口語化地表達。不用羨慕別人辯才無礙，其實很少人天生就能滔滔不絕，多數人都是經過無數次的練習。我認為比起說話技巧，鍛鍊思考能力才是關鍵，想法有料最重要，不然學一堆花俏的技巧也是枉然。從現在開始，每天花一些時間練習，有一天你一定也能對答如流，隨時都能自信開口！

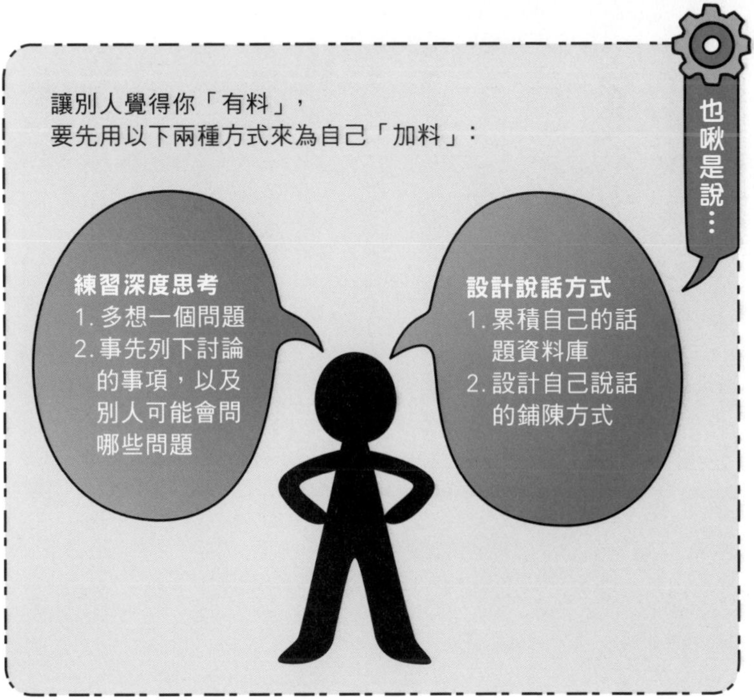
也啾是說…
讓別人覺得你「有料」，
要先用以下兩種方式來為自己「加料」：
練習深度思考
1. 多想一個問題
2. 事先列下討論的事項，以及別人可能會問哪些問題
設計說話方式
1. 累積自己的話題資料庫
2. 設計自己說話的鋪陳方式

05

如果覺得自己很平凡，該怎麼發現自己的價值？

TIP

很多人都會陷入一種「如果我沒有充分發揮天賦，就會平凡過一生，最後徒留遺憾」的想法。就像許多人嚮往YouTuber這份工作，可以發揮創意、有個人特色、網路聲量活躍，甚至有名氣和不錯的收入，還成為南韓、台灣、日本等地青少年心目中前幾名的夢幻職業。可以看出，現在越來越多人急著想要證明自己、想要大家認識自己，但是或許我們應該想想：平凡，真的有這麼糟嗎？

非主角不當？NPC也有他的人生

事實上，這個世界上絕大多數的人都是平凡的、默默無聞的，我們所看到的素人發跡、一夕爆紅，其實都只是九牛一毛的特例。我認為平凡不見得是一件壞事，也不是每個人都一定要追求成為某個領域的頂尖人物。只要發揮自己的價值、對社會有貢獻、工作有成就感，閒暇之餘能從事興趣嗜好，就是非常令人稱羨的生活方式了。

但我也理解那種不甘於平凡、害怕流於平庸的感受，因為我大學的時候也是如此，急於想做很多事來證明自己，但這種焦慮思緒的漩渦可能會讓我們產生錯覺，覺得自己明明是主角，卻跑去演配角；卻忘了自己可能明明是配角，卻硬要撐起主角。

很多學生，甚至和我一樣二、三十世代的人會問我：要怎麼樣讓大家認識我？要如何在某個領域占有一席之地？甚至怎樣才能出名、進而獲得理想的收入？雖然這樣說有些老套，但我覺得會有這樣的想法，很可能是來自於我們從小被教育要成績優異、名列前茅，卻忽略去探索專長和興趣，好像只有考第一名的人才會被看見，第二名的人永遠不會被記得。

事業成就是直線，經營家庭是畫圓

追求事業成就當然沒有錯，但你也可以想一想，事業是不是人生的全部？這個問題沒有標準答案。

當我成為YouTuber，被越來越多人認識，走在路上會被認出來、有人要求合照，我發現自己好像真的有點名氣，好像有點與眾不同；接著突破十萬訂閱，感覺很興奮，覺得自己終於達到一個里程碑。但我馬上就想到，然後呢？下一步是什麼？我還要追求什麼？

有的人會覺得應該繼續進步，追求下一個目標；有人會說這樣就很好了，只要維持現狀求安穩。我是屬於前者，但我也能理解後者的想法，沒有對錯，只是人生的選擇不同。追求事業的成就確實不等於人生的全部，你可能會說：那人生還有什麼？這個問題，是當我走入家庭，成為父親之後才有另一番體悟。

花時間陪孩子、創造家庭回憶，確實必須犧牲工作時間，但卻是完全不同於事業成功的滿足感。很多單身的人害怕走進婚姻，因為擔心家庭會阻礙事業，或者擔心過著和多數人一樣的生活。但我選擇進入家庭生活並不後悔，因為那是不同型態的心靈滿足。

事業成就是一條直線式的旅程，達到成就的當下很開心，但同時也會焦慮下一步要怎麼走？當下一個目標達到時，你又會有同樣的心情，在這個永無止盡的追求過程中，你會一直重複「短暫的快樂」和「長時間的焦慮」，你也可以推想到未來的人生大概就是這樣的循環。對我來說，走入家庭的滿足感比較像是畫一個圓，當你對孩子付出時間和心力，他的成長和情感的回饋會持續形成一個正向循環。

也許有的人在事業上只求穩定表現，而把大部分心力投注在其他領域的發展，或許是經營家庭、發展副業、投入興趣，同樣活得很精采。我認為重點在於你認為的人生意義是什麼？事業成功能讓你幸福快樂嗎？不需要帶著負面的眼光看待平凡，平凡也可以是一種幸福，而追求幸福，不會只有一條途徑。

有的人可能會問：那「安於平凡」跟「我就廢」有什麼區別？答案就在於「有沒有把這些追求成就的心力移轉到其他事物上」。例如某些人對本科成績只求低分過關，甚至常常蹺課，但其實把時間拿去修其他感興趣的課、或是打工累積經驗，而不是窩在宿舍睡覺。這就是「把努力放在不同的面向上」，與「完全不努力」之間的區別！

用這三項指標，評估工作是否值得投入

至於你會問，該怎麼在平凡之中發現自己的價值？如果我的表現跟成績都不理想，到底是我本身的問題，還是我努力的目標有問題？如果在職場上，我認為可以從幾個角度觀察。

首先，你付出的努力是否獲得回報？

當我們踏入某個專業領域，一開始因為知識背景或經驗不足，一定很菜很弱，甚至覺得自己很廢。你可以設定一個時間點，屆時觀察看看是你的努力有沒有獲得相應的回報（無論是金錢、物質或精神上的回報），如果你還是覺得自己很菜很弱，甚至承擔很多責任，卻沒有滿意的工作表現，就要思考究竟是自己的能力不足，或是職務無法發揮、工作環境或產業本身有問題？如果這樣的情況持續無法改善，很可能問題不在你身上，而是職務或公司不適合你，或是制度、產業有問題，這時候就可以考慮是否要轉換跑道。

第二，同領域前輩的發展符合你的期望嗎？

大學的時候，聽過許多學長姐返校分享，當時我發現很多化學系畢業的學長姐都進了藥廠、科技業，或者去銷售科技產品的機台，幾乎都在特定領域。當時我就覺得那樣的生活好像不是我想要的，似乎應該找其他出路。

看看別人，想像自己。同領域的同行前輩就是你最好的參考值，你可以觀察他們的職務內容、平均薪資、升遷機會、進修管道，看看這些基本的職場指標是否有達到你的期待，是否是令你期待的人生藍圖，也能幫助你進一步評估這份工作是不是值得繼續投入。

最後，這份工作是提升外部效益，還是增加外部成本？

外部效益是指你對社會的貢獻，外部成本是你對社會的影響。因為工作不僅是個人的實踐，也是我們與社會的連結，你可以想想，這份工作對社會有什麼貢獻？對社會造成的影響是正面的，還是負面的？

例如有些媒體喜歡用腥羶色的內容吸引目光，雖然會增加公司盈利，卻會對社會造成負面影響，這樣的工作是你想做的嗎？又例如某些科學領域，發展到後來分支越走越細，甚至有些領域已經發展到盡頭了，當你發現自己做的實驗和數據，雖然不會對社會造成負面影響，但也不會對群眾產生什麼貢獻，你願意繼續投入這樣的工作嗎？

這三個角度的評估，也許無法幫你找到天賦，卻能幫助你釐清工作與人生的價值。最後，我想再次強調，在事業上安於平凡並不是件壞事，重點是你多出來的時間和心力用在哪裡？如果你利用這些時間努力經營工作以外的人生，那這樣的平凡，其實會顯得意義非凡！

也啾是說…

你想要線性前進的事業成就，還是循環圓滿的家庭關係？雖然它們會為你帶來截然不同的人生，但都能為你找到非凡的意義與價值。

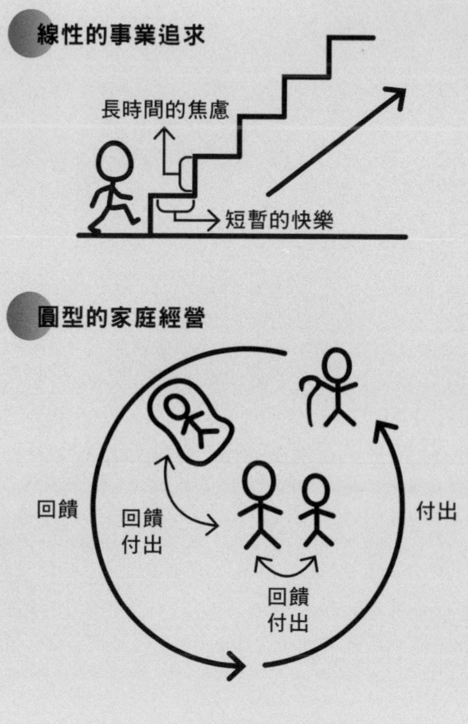

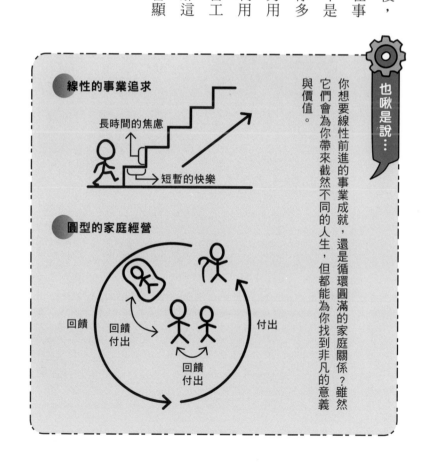

06 怎麼知道自己已經學會了？

現在，請你試著回答這些問題：

「美國的選舉人制是什麼？」

「民主制度有哪些特徵？」

「巴爾幹半島在地圖上的哪裡？」

這些都是我們求學時期曾經學過的知識，但是當面對突如其來的提問時，很多人的腦袋卻會出現斷片或空白，甚至覺得我又不是第一次聽到這些名詞，怎麼會跟完全沒學過的人一樣口吃結巴？

科技的便利，減輕了我們的記憶負擔，無往不利的搜索引擎，可以瞬間海撈資訊，想去哪裡就打開Google Map，想找餐廳就打開美食APP，計程車司機不用熟記每一條大街小巷、律師也不用把所有法條倒背如流，但這也讓我們落入「隨身碟狀態」，各種資訊在我們腦中一閃即過，用過就忘。我們「感覺」掌握了很多知識，其實很可能只是龐雜而片段的雜訊，讓思考淺薄化，導致知識的假象。

根據威廉・龐士東（William Poundstone）的《為什麼Google不夠用？》（*Head in the Cloud*），我們雖然可以把絕大多數的事實資訊外包給雲端，但這些事實如果只是東一塊西一塊的零碎磚塊，構成的牆就會因此倒塌；所以學習者必須學會達到關鍵規模的事實，才能勾勒出自己知識與缺口的粗略地圖，避免不知道自己無知的「達克效應」。

▽
Google用太多對大腦會有什麼影響？

忘記出處，才是真正的內化

要把吸收到的事實與資訊建構成一道穩固的牆，重點就在於真正地把這些零碎的磚塊「內化」。

「知識內化」（Internalization）是指顯性知識變成隱性知識的過程，但究竟要內化到什麼程度才叫做「內化」？又要如何內化呢？

對我來說，當我知道某個觀念或技能，而且可以很熟練地應用，但是卻忘記我是從哪裡看到、學到，就代表我已經將它真正內化。

就像我平常演講或接受採訪，可能會隨口提到某個心理學理論，我可以用簡單的語彙很自然地解釋理論內容，同時舉出一些生活案例，但其實我已經忘記這個理論是從哪一本書或哪篇文章看到的了。「忘記知識的出處」，才代表我已經將它真正的內化，成為屬於我的思維邏輯和價值觀，就像是我本來就知道，或當下從內心浮現的想法一樣。

當然，這本書中你可以看到多處引用其他書籍，這其實是為了寫書正確的引用和方便大家延伸閱讀才特地查詢的。

來源記憶（Source Memory）是關於學習一件事實的時間或地點的回憶，把來源忘掉並沒有關係，重點是那個學到的事實或知識本身。

所謂的內化，就像我們小時候會說「媽媽說」、「老師說」，長大之後就會說「我覺得」、「我認為」，將別人的或社會的價值標準、觀念、態度，漸漸轉化為自己的，變成自己人格特質或思想的一部分。

用已知連結未知，再試著舉例

知識內化，需要經過一段理解、類比、應用的歷程。「理解」是明白新事物的運作原理，同時可以用「類比」的方式，用已知事物來描述新事物。舉例來說，新聞媒體常用「現代版羅密歐與茱麗葉」、「台版合掌村」這樣的標

「跳出思考框架」
到底實際上要怎麼做？
怎樣才算是「深度思考」？

題，觀眾腦中就會出現某種印象，這就是將新事物和已知事物連結起來。理解和類比就像是雙打搭檔，理解事物的深與淺，就在於你能用多少已知事物去連結新事物。

在理解知識時，不妨試試看用自己的話重述一次。像前面提到的，當你可以用自己的詞彙表達出來，把一件事情說清楚，就表示你不是人云亦云，而是比一般人有更清楚的掌握。接下來，回想一下，關於這個知識，生活中有哪些相關的經驗？這個動作是透過更具體的經驗和事例，強化類比的強度和連結內化的深度。

採取行動，讓知識落地

最後，確認自己真的學會，將知識深刻內化的方法，就是「應用」，也就是採取行動。以某個觀念和知識為出發點，你可以想到哪些應用的面向？在日常生活或職場上可以採取哪些行動？這些行動需要哪些組織步驟？也許有些想法是天馬行空，不一定有機會真的落實，但也沒關係，因為透過這樣的思考練習，你已經正在讓「知識落地」，比光是看到、聽到的人又多走了好幾步。

除了生活上的應用，把知識傳遞下去，也是讓知識落地的方式。傳遞知識，必須用自己的話語詮釋、拆解知識，而且讓別人聽得懂，教與學會形成一道知識的鎖鏈。就像超能力電影中，主角擁有代代相傳的超能力，一代傳遞給一代，能夠傳遞就代表你真的擁有它。

我在念大學的時候，程式設計正夯，我也曾經自學寫程式。很多初學者會去翻各種程式設計的工具書，但我並沒有這麼做。我最常用的方法是「複製貼上」，當需要某種程式功能時，我先去找有誰做過類似的程式，畢竟大多數的功能都已經有前人做過；透過複製別人的成果，我可以分析他是怎麼寫，這是「理解」的第一步；透過理解他的思維架構，我可以很快地找到自己思考上的漏洞或盲點，這就是「類比」，思考為什麼他寫的程式和我不一樣，要怎麼快速改善；同時，快速學習他的成功經驗，並且立刻「應用」在我的設計中，就這樣，我也拼拼湊湊寫出一個小遊戲。

不要害怕參考別人的成就，因為「模仿」往往是學習的第一步。尤其當我們看到、聽到很多觀念時，更應該給自己一個實作的機會，不到真正派上用場，永遠不會知道自己的程度。你也可以創造一個假設性的場景，給自己一個安全的試錯環境，然後放膽去嘗試發揮吧！唯有透過不斷地理解、類比與應用，才能深化思考、戳破「一知半解」的知識假象，從被動的使用者變成主動的創造者。

也啾是說…

知識內化	**理解**	明白新事物的運作原理
	類比	用已知事物與新事物進行參照
	應用	實際操作與演練讓知識落地

07 如何跨出舒適圈，培養跨領域的斜槓能力？

TIP

「要怎麼跨出舒適圈？」經常是很多人關心的問題，在分享我的經驗之前，我想先問幾個問題：你的舒適圈在哪裡？為什麼要用這個圈把自己圈起來，然後一直煩惱到底要怎麼跨出去呢？回想看看，在「舒適圈」這個名詞出現之前，你會有如何跨出舒適圈的煩惱嗎？

當某件事情被賦予定義，或被分門別類之後，很容易就形成一個思考和想像的框架。例如「舒適圈」和「同溫層」的概念出現後，大家都開始討論如何跨出舒適圈、怎麼打破同溫層？其實，這樣的思考模式也是一種自我設限，甚至是給自己套上無形的枷鎖。

一直以來，我都認為「採取行動」才是最重要的，不要執著在「跨出舒適圈」本身。因為這樣的想法，是先界定自己被某個框架限制住，必須採取某些行為，才能「跨」出去。就像平常你走出家門，只要直接踏出去就好，完全不會多想什麼；現在卻自己多加一道門檻，自然會有一種「我必須跨出去」、「我正在跨出去」的心理負擔；甚至會覺得因為要跨出去，需要多一個心理準備。

所以，我認為應該先拋開舒適圈這個想法，不要去想它，看到某件事情是你有興趣的、想挑戰的，不要想舒不舒適，去做就對了！如果你先放下這個「圈」，忘記自己正在被限制的想法，可能在行動之間就無意識地跨出去了；當你拋開「跨出舒適圈」的想法時，跨出第一步才會真正變得簡單無痛。

不去想舒不舒適，採取行動才是正解！

我在大三、大四的時候，對本科系的學業越來越沒有興趣，甚至差點沒辦法畢業，也漸漸清楚自己應該不想繼續往化學領域深入。於是，我開始修很多外系的課，西班牙文、空間與建築、廣告學等等，有些課程的內容應該一輩子也用不上，但也有些知識後來卻意外地派上用場。

例如其中一門「創意與創業」的課程讓我印象非常深刻，這堂課主要是教大家如何想出一個好點子，同時付諸實踐，並且成立一家公司。最後，我在這堂課做了什麼？我想出一個點子，並且用一個設計申請到專利。雖然，當時的作品並不算成熟，但我覺得大學時期就申請過專利是一個很難得的實戰經驗。

選課的當下，我並沒有什麼跨出舒適圈的概念，也不是刻意想要培養第二專長，我的想法再簡單不過，因為有空堂、對課程有點興趣、覺得應該滿好玩的，如此而已。成為YouTuber後，我確實是在用我的「創意」發展「事業」，你可以說是誤打誤撞，也可以說生命會自己找到出口。

這就是我想說的，想到就去做，不要想以後用不用得上，也不要想這樣做是不是在跨出舒適圈。被這樣的想法綑綁，反而對於真正的跨領域學習是一種阻礙，因為那些看起來跨出舒適圈的人，根本不會去在意舒不舒適。

尤其是學生時期，有些人對課業沒有興趣，會把時間投注在打工、社交，甚至無所事事。我建議，如果經濟情況允許，還是盡量利用時間學習，多運用學校的資源，那些「不知道有什麼用」的課程、「不知道有什麼收穫」的演講，其實都是一種自我投資，未來很可能帶給你意想不到的獲利。

追求「能力」斜槓，而非「職業」斜槓

有人會說，我想嘗試、願意挑戰，但不知道對什麼有興趣，該怎麼辦？根據我的經驗，很多事情在做之前，都不會知道自己喜不喜歡，再強調一次，「採取行動」才是最重要的，不一定要喜歡才去做、有興趣才去試。如果你真的不知道自己對什麼事情有興趣，不如就隨意找件事情，並

且開始投入，也許誤打誤撞也會碰撞出驚喜的火花。

如果你是上班族，職場上就可能存在讓你跨領域學習的契機。以我經營頻道為例，除了理工的專業知識，也做過超邊緣冷知識、經典詐騙案、漫遊生產線系列，還有各種題材的啾讀系列。這些主題多半不是我過去熟悉的，但為了創作影片，我必須去看不同的研究、了解各種產業、接觸各領域的專業者，所以雖然跨領域並不是我的「目標」，但確實是達到了跨領域的「結果」。

有些人覺得選擇某項職業，從此工作就一成不變，事實上真的是如此嗎？面對職涯地圖，學生會迷惘，上班族也有焦慮：是不是走在正確的人生方向？會不會被組織或制度限制個人生涯發展？很多人下班後的學習進修，也是為了培養多元能力或增加升遷機會，因此近來很多人嚮往「斜槓」，希望以多元興趣、多元能力增加多元收入。

確實，斜槓好像是一種理想的生活型態，但同樣地，是不是很多人也因為嚮往斜槓，為了擁有多重職業和多重身分，而開始轉職、兼差，最後沒發展出什麼斜槓人生，反而窮忙瞎忙？

斜槓的前提是擁有「核心目標」

我認為，重點在於你有沒有「核心目標」？例如我做各種系列的影片，是為了拓展觀眾群、增加點閱率，這就是我的核心目標；而接觸到多元知識、走進各行各業是為了達成核心目標的過程，而跨領域的學習與發展只是目標達成的附加結果。

一個YouTuber的工作，在一般職場可能會拆分成好幾個職務，而透過這份工作，我學習到不同領域的事物，也培養出不同職務的能力。根據我的經驗，我認為「能力」的斜槓勝過「職業」的斜槓。

先定義出你的核心目標是什麼？無論是為了升遷、跳槽或是發展興趣都很好，然後就勇敢地採取行動。不是為了跨出舒適圈，也不是為了成為斜槓人才，但當你真正投入後，跨領域的能力就會隨之而來。最後，別忘了，跨出舒適圈不代表你完成了多了不起的事情，這只是跨出第一步而已，繼續往前走，採取下一個行動才是關鍵！

也啾是說…

先設定你的核心目標，而通往你核心目標的過程中，一定會需要各種不同能力的行動來完成，因此跨領域其實並不該是你的目標，而只是通往真正目標過程中的結果。

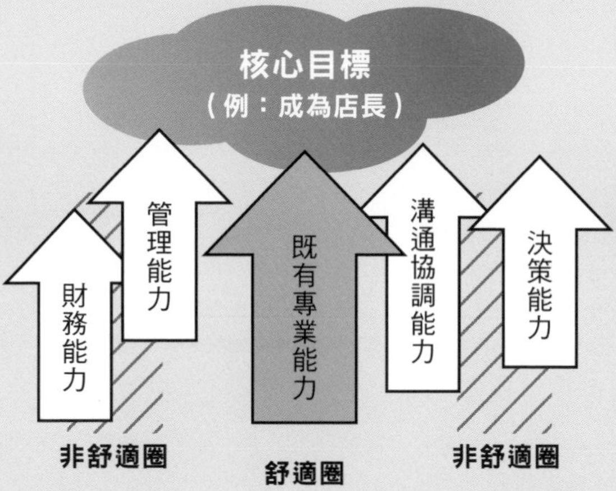

08

看到一個新聞或事件，如何組織屬於自己的看法？

你可能曾經看過這些新聞標題：

「北韓炸兩韓辦公室為哪樁？」

「炸毀兩韓聯絡辦公室全是做給美國看？」

「北韓警告炸毀韓朝聯絡辦公室只是第一步。」

還記得你看到這些新聞時，有什麼反應嗎？有的人覺得好可怕，兩韓要開打了；有人覺得北韓只是在虛張聲勢，不用理它。也有人會想，為什麼北韓要這麼做？導火線是什麼？南韓表達了什麼立場？其他國家有什麼反應？

這個事件對亞洲情勢或國際情勢會有什麼影響……？

新聞追追追，找到訊息的源頭

針對一則新聞或某個事件，提出自己的見解，這樣的能力相當重要，而且不只有媒體工作者需要，因為如果你是上班族，可能需要在會議上針對專案提出看法；如果你是學生，可能需要在小組討論中發表意見。在流暢表達之前，你必須先判別訊息的來源和正確性，再組織腦袋裡的想法，而每天不斷發生的新聞，無論是國際大事或生活小事，都是很好的練習題。

說到新聞，大家都會期待中立、客觀，事實上，每個媒體多多少少都有自己的立場。因為每天要播什麼新聞、下什麼樣的標題，其實都是經過他人之手的「選擇」，只要有選擇，就難免有立場，更不用說帶風向和假新聞。

所以當我們看新聞時，應該先思考某個事件為

爛媒體？爛觀眾？

什麼會成為一則新聞？除了事件本身的新聞價值，還有沒有其他原因？例如，股票投資者都知道所謂的「出貨文」，當媒體突然狂喊某個類股，或者大肆吹捧某個投資標的釋出，這時候投資人就得思考，這是真實的股市趨勢，或是大戶為了操控市場走向而釋出的消息，甚至是後知後覺的馬後炮？

想要判別新聞的真實性，應該先試著找到訊息的源頭。例如台灣的新聞媒體常有「外電報導」，這時候你可以找到那則外電，看看那家媒體報導的內容，和翻譯、編輯後的新聞有什麼差異？有時候，某位國際名人的談話，經過國外媒體報導、台灣媒體編譯，送到我們手中時已經經過層層的轉譯、加工，甚至失真和扭曲。想知道當事人究竟說了什麼？怎麼說？應該還是要層層回溯，盡可能找到訪談的原文才能更貼近事實。

很多Youtuber會分析時事，或針對新聞事件發表意見，其實這些內容也多是二或三手資訊。我們是想讓大家知道有某件事情正在發生，如果因此引起你對事件的好奇，有興趣深入了解，我也鼓勵大家去找原始資料，才能對事件有更全面的理解。

從極端立場出發，在光譜上找到自己的意見位置

當你開始閱讀新聞時，先試著找出事件的關鍵字，這些關鍵字往往就是理解這則新聞所需要的知識基礎。掌握關鍵字後，你可能會有一些推測，例如事情是怎麼發生的？動機是什麼？涉及哪些對象？對誰有立即影響？後續會如何發酵？針對這些問題，試著先做一些猜想和推論，屬於你的觀點就是在這個時候開始冒出來。

如果你不知道怎麼開始，也可以試著從最極端的兩種立場開始，例如針對「要不要開放美豬？」，你可以先找出極力贊成的一方和堅決反對的一方，看兩方分別有哪些意見？這時候，你的腦袋就會開始自我辯論，漸漸從光譜的兩端向中間接近，最後一定會落在某個位置，那就是你的立場了。

以北韓炸毀兩韓聯絡辦公室的新聞為例，一端的想法可能是：「兩韓要開打了！」、「第三次世界大戰的導火線被點燃了！」另一端的想法可能是：「這應該是金與正對北韓內部的決心表態，只是嚴正表明自己對南韓保持強硬態度，應該不會引起太激烈的後續效應。」

從這兩種想法為起點，在思考的過程中慢慢取得中間值。例如，你可能會認為事件本身是領導人的強烈表態，試圖讓當時稍微解凍的兩韓關係，退回到兩韓原本的對立局面。未來，如果金與正接班，可能會對南韓採取更強硬的態度。

戳破資訊泡泡，提升思辨的嚴謹度

大多數的人都覺得自己可以做到理性客觀，其實我們很容易落入慣性思考的陷阱而不自知，很難察覺自己的思考有多偏頗、多不合邏輯。而且如果我們在看新聞時，看到立場不同的意見就轉台、沒興趣的議題就滑過、需要時間理解的新聞也沒興趣，久而久之，這樣的「資訊偏食」就會形成「資訊泡泡」，也就是同溫層。

其實，打破同溫層、戳破資訊泡泡也需要練習，例如我很喜歡看不同的媒體怎麼報導同一個事件。觀察不同的媒體各有哪些說法？再去思考為什麼他們這樣說？同時，檢視不同媒體報導的內容和方式，和我的想法有什麼不一樣？這時候就會知道自己漏掉哪些資訊？或者哪個思考環節不夠周延？就能進一步補足這些資訊，這一連串反覆驗證的過程，也會幫助我們更嚴謹地組織想法。

剛開始，不要急著看網友的評論，因為網友的評論就像看電影被爆雷，在還沒有建立自己的觀點時，你會很容易被左右想法，甚至被帶風向。在建立自己的觀點後，就可以和網友的意見進行比較，看看和你意見不同的人在想什麼？他們說的有沒有依據、合不合理？有哪些觀點是你沒有考慮到的？也思考他們為什麼會這樣想？這樣的練習不但可以幫助我們釐清自己的觀點，也能幫助我們從現實、淺薄的思考，提升為抽象、深度的思考。

最後，除了上述的方法，練習用口語表達也對組織觀點很有幫助。因為光用想的，其實很模糊、很跳躍，可能會以為自己很有想法。但真的說出口，才會更直接地知道自己有哪些盲點，有時候，可能說到一半才發現自己的觀點其實相互矛盾。從「想」到「說」，透過新聞事件組織觀點，也可累積自己的話題資料庫，同時還能練習表達能力、口條和咬字，是不是一舉多得！

也啾是說…

我們都知道這世界上的事，絕對不是二元對立（Dichotomy），但是在練習思考的過程中，如果先從這極端的二元對立出發，先建立好思維光譜的兩極座標，反而更有利於建立自己在光譜上的意見位置。

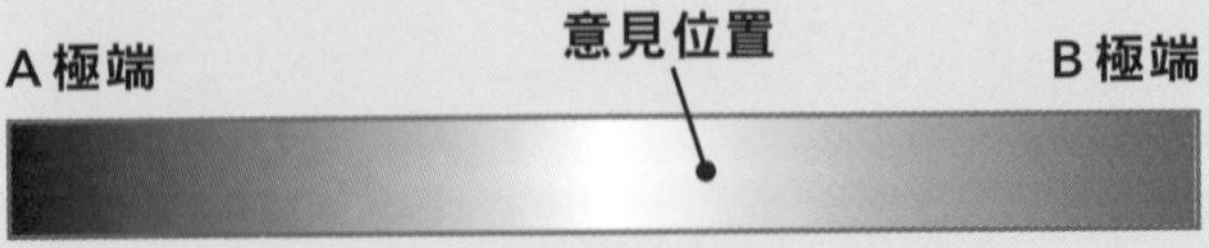

09 為什麼我擬定的計畫總是行不通？

你是一個喜歡擬定計畫的人嗎？回想一下，那些你曾經嘔心瀝血擬定的計畫，後來怎麼了？很多人都有這樣的經驗，定下目標，六個月內要減重成功；一年內要考到某張證照；或者剛放暑假時，懷著雄心壯志擬定暑假計畫，結果暑假還沒過一半就因為各種原因宣告放棄。到底是為什麼？很多人都想知道，為什麼我擬定的計畫總是行不通？

為什麼你的暑假計畫
永遠行不通？

計畫行不通，很可能是其實你沒那麼在乎

我相信，大多數的人在擬定計畫時，都有一個目標，也看了不少工具書，學到一些方法技巧，但真正的重點在於你有沒有開始執行？很多人把心思時間都花在「擬定」計畫，甚至特地買一本全新的筆記本，寫得密密麻麻，但就是不去做。這時候，你必須先回頭檢視這個計畫的「動機」，也就是這個計畫的目標，真的是你想要的嗎？

就像有的人為了身體健康決定要戒菸，但戒了好幾年還是戒不掉，他會說：「我也想戒啊，可是……」，問題就在於這個「可是」，會說出這個「可是」很可能表示你的動機其實不夠充分，也就是你其實沒有那麼在意身體健康。你會說怎麼可能？誰不想要身體健康？雖然聽起來有點荒謬或殘酷，但必須去承認這個事實，接下來才能找到真正的動機，或者重新包裝一個讓你有動力執行的動機。

減少摩擦力的三原則：

目標明確、時間頻率清楚、任務具體

有了還不錯的計畫，也有滿腔熱血的動力，接下來你可能會發現真正的問題在於執行。例如執行後才發現目標太大了，根本不可能在設定的時間內完成；或者目標太模糊，執行後才發現好像和原來想的不太一樣。為了縮小想像和行動的落差，我建議在擬定計畫時掌握這三個原則：設定明確目標、確立執行頻率、劃分具體任務。

一、設定明確目標：仔細地評估過動機，確定這個目標是你打從心裡想要達成的。

二、確立執行頻率：為這個目標設下截止的時間和執行的頻率，例如每天的八點到八點半、一天兩小時、每週三次。

CREATE

三、劃分具體任務：把大目標拆解成可行的小任務，讓計畫更有機會循序漸進地達成。

掌握這三個原則後，試著用一句話說出你的計畫。以前你可能會說：「這個暑假，我想要運動。」但現在你可以說：「兩個月內，我每天早上起床之後要做二十次伏地挺身。」有沒有發現，你的目標、執行時間、執行頻率和任務都更清楚、更具體了！

這麼做的目的，是對自己發出清楚的指令，減少行動時的思考和猶豫的時間。我們每天都要做無數的大小決策，每一個決策其實都會耗費精神，想想看，如果你起床之後才想到今天要去運動，就會開始想：要做什麼運動？去哪裡運動？要不要約朋友？要帶什麼東西？這一連串的思考和決策都是一種「摩擦力」，這樣「摩擦」下來，你的動力可能已經大打折扣！

這三個原則，是為了讓你的行動變得輕而易舉。如果你事先準備好一個運動包，把運動要穿的衣服、隨身物品都裝在裡面，時間一到拿了就走，就能降低做決定的次數，至少能讓你順利跨出第一步，而不是站在原地猶豫不決。

沒有完美的計畫，你需要的是快速修正和持續進步的能力

我聽過很多人跟我說：「我也想當YouTuber。」很好啊，那就去做吧！接下來，我通常會聽到兩個字：「可是……。」這個「可是」有五花八門的理由，可能是「我不知道要拍什麼」、「我的口條不夠流利」、「我的剪輯功力沒有很厲害」、「我不知道有沒有人想看」……等。我發現，很多人擬定的計畫行不通，常常來自於他們很容易自我懷疑。

有些人致力追求完美，我們稱之為完美主義者；也有一種人對完美適應不良，我們稱為「非適

為什麼追求完美反而會拖累你？又該怎麼辦呢？

應型完美主義者」。「非適應型完美主義者」通常害怕失敗、恐懼不完美，他們往往想很多卻無法採取行動、覺得自己還沒準備好、害怕沒辦法達到要求、擔心別人的眼光。

這些人會先在腦袋裡想像自己完美達成計畫的樣子，接著他馬上會想到現實生活中的自己，然後這兩種形象開始產生衝突，於是他開始自責，接著就放棄。其實，這種內心的衝突可能來自於你太急於改變了。以暑假計畫為例，突然從規律的學生生活解放，變成完全自由的時間規劃，本來就不是容易的事情。

而且，完美的計畫並不存在，沒有一個計畫能保證你一定成功，畢竟現實生活有許多偶然和意外。如果你看過我第一支露臉的影片，你可能會覺得和現在的啾啾鞋差很大，鏡頭晃動、燈光怪怪的、說話也不是很流利，但那就是我的第一步。LinkedIn共同創辦人里德・霍夫曼（Reid Hoffman）就說過：「如果你對你的第一代產品沒有感到難堪，那代表你已經太晚推出了。」第一步很糟很爛，有什麼關係！重點是有快速修正和持續進步的能力。

從「微型嘗試」開始，多給自己一點「彈性容忍值」

如果你還是學生，我建議從你本來就在做，而且喜歡的事情著手。目標不用設得太遠大，先試著把課餘興趣轉化成有價值的活動。例如你喜歡畫畫，可以先開一個粉絲團，定期把作品放上去；如果你喜歡打電動，可以嘗試做遊戲評論，練習專業地分析遊戲；如果你喜歡吃吃喝喝，也可以試著寫食記，練習有內容也有條理的文字表達。

從你本來就喜歡的事情著手，有點像是微型的創業練習，遇到問題、試著解決問題，邊走邊摸索的過程，可以讓你的思考越來越有彈性。而且學生的優勢在於，你可以用很低的成本自由地嘗試，體驗看看興趣轉化成專業的可能性，即使失敗了，也不至於付出太慘痛的代價。

最後，雖然擬定計畫可以幫助我們按部就班達成目標，但也別給自己太大的壓力。記得保留一點彈性的容忍值，如果執行計畫的成果不如預期，不要急著批判自己，才不會消耗珍貴的動機，隨時回頭檢視修正，讓自己走在繼續前進的路上就好。

也啾是說…

要讓計畫行得通，最重要的就是用三個原則去潤滑過程中產生的摩擦力，這三個原則之中，明確的目標就像一幢房子的屋簷，涵蓋與包覆住整個計畫；執行頻率則是這幢房子的梁柱和骨架，支撐住整個計畫的運行；具體任務則像堆疊而成的磚瓦，一層一層把計畫構築起來。

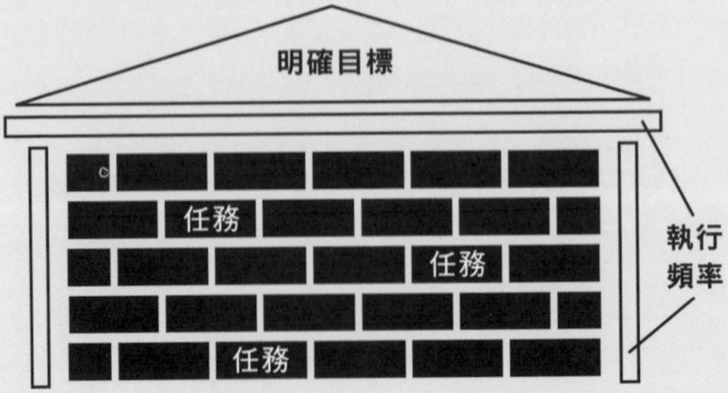

EXPRESS

PART III

熱思考的傳達

——把自己的東西變成別人的

01 自我行銷和爭取曝光前，應該先考量什麼？

TIP

從早期的翻譯部落格，到現在的頻道，老實說我並沒有很刻意、很積極地做行銷求曝光，當時的翻譯部落格頂多只有上ＰＴＴ發文；我都是熬了好幾年，讓內容自然發酵，才逐漸被大家看到，幫我擴散出去。

我知道很多人的內容其實做得很好，但是好像一直沒有被看見，不管是畫得很精美的ＬＩＮＥ貼圖、用心經營的粉絲團和Instgram，或者跟我一樣拍攝影片的頻道等等，你可能會希望我能分享一些短時間就能奏效的行銷策略，但經過這些年的經驗，我認為在行銷自己之前，更重要的是

——先從「觀眾的角度」認識自己，思考自己的「品牌定位」。

品牌定位＝想到＿＿＿＿，就想到＿＿＿＿

我在剛開始全職經營頻道時就遇到很大的瓶頸，無論我再怎麼努力想新的題材，觀眾總是來來去去。後來，我請教了同行的前輩，才發現我沒有做到「品牌定位」。

品牌定位的第一個目標，就是「想到啾啾鞋，就想到＿＿＿＿」。也就是當你的名字被提起時，大家會很明確地知道你是做什麼的，不會只有一個模糊的印象，不然就算大家從臉書廣告、從新聞連結看到了你，也根本不會留下來關注你。

例如我前期很專注做冷知識系列，後來冷知識就成了我的記憶點：「想到啾啾鞋，就想到冷知識。」我認為，給出記憶點，是在任何一個領域追求傑出的必要條件，有記憶點，才有談行銷的基礎。

品牌定位的第二個目標，則是「想到＿＿＿＿，就想到啾啾鞋」。當你掌握核心能力，持續專注在某個領域，讓影響力繼續擴散之後，就會漸漸變成「想到知識型YouTuber，就想到啾啾鞋」，在這個階段你的目標是設法讓自己成為某個領域的代名詞。

無論你是否想花很多心力做行銷，都應該要多多琢磨品牌定位這件事。不一定要刻意打造某種形象，其實如前面所說的，關鍵在於根據你的人格特質去創作，同時觀察觀眾在你身上貼上哪些標籤，逐漸調整之後鑽研的領域。

作品就是你的履歷表

在品牌定位的過程中，我同時也發現當時的頻道內容很雜亂，也沒有清楚的分類方式。觀眾點進我的頻道，很容易迷失方向，不知道我究竟在做什麼，所以我馬上決定將影片重新分門別類，啾讀、啾來聊聊、一探啾竟等等，都在標題和上架時間做出了清楚的區隔。

對YouTuber而言，影片就是我們的履歷表。

一般人的履歷表，會寫自己會的語言、軟體、技能、實績等等，項目清楚，讓人一目了然，給面試官一個好印象。頻道的分類也是這樣的作用，讓觀眾一進來就知道，我做了哪些類型的影片，讓他方便瀏覽點擊，也透過分類認識我的創作風格。就像遊戲角色會分成全能型、攻擊型、防守型，分類正代表你的強項和特色，經過思考的頻道分類，可以幫助你更明確地抓出品牌定位，讓人一看就知道你擅長什麼。

專心做內容，還是用力做行銷？

這個問題，我沒有標準答案，因為我並沒有花很多心力做行銷。早期做翻譯部落格的時期，我也想過要不要去下廣告增加流量，但後來想想，我更相信口碑推薦的擴散力，所以從那個時候起我的做法都是內容優先。

尤其是知識型的內容，需要花更多心力在內容製作；想做行銷，就代表專注在內容的心力和時間會相對減少。我覺得這是比例的取捨，沒有絕對的對錯。我的選擇是用九〇%的時間深耕專業領域，一〇%的心力做行銷；但也有人可以反過來，用七〇%的心力去做行銷，三〇%投入內容，只是我覺得這樣有點危險。

我覺得行銷有點像投資，有報酬，也會有風險。當你花很多時間在行銷，也許真的會為你帶來不錯的曝光和收入，但能不能長久經營就未必。也許觀眾很快就發現這個人其實沒有什麼料，或者傳遞的知識不正確、邏輯有漏洞、資訊過時，最危險的甚至是踩到法律紅線。

也有人會問，有沒有一些「必中」的題材？是不是時事相關的內容點閱率比較高？我覺得這個問題要看你經營頻道的目的，以及自己心裡的「坎」過不過得去。以目前的演算法來說，和時事相關的題材確實是比較有利，大家喜歡關注，有人覺得這是跟風、譁眾取寵；但如果是為了頻道能長久經營，繼續做自己喜歡的內容，或許你也可以考慮做這類的題材，就看你怎麼想。

如果你就是過不去心裡的「坎」，也沒關係，就專心耕耘，期待影響力慢慢發酵，只是這樣會比較辛苦。重點在於這是不是你想做的事情？如果不是，就算點閱率很高，時間久了，也會陷入觀眾期待你做，但是你一點都不想做的窘境。

垂直深化？還是水平拓展？

品牌定位並非一成不變，它應該隨著你的人生經驗和創作歷程有一些微調，可能是垂直深化，也可能是跨界延伸。

例如，我這幾年多了一個父親的身分，也試著把這樣的身分納入我的核心特質，嘗試一些過去沒做過的創作。例如，我開始可以談婚姻、家庭、親子方面的話題；也開始和知識型以外的YouTuber合作，拓展新的觀眾群，等於延伸出一條新的創作支線。

像是當我想試試看觀眾的反應，一開始不一定是用在影片，而是先在比較輕鬆的社群曝光。例如偶爾在Instagram放上家庭照，或是在臉書貼文提到自己新的身分，潛移默化地讓觀眾認識我的新身分，如果大家反應不錯，代表未來可以往這個方向繼續發展。

這個方法也可以運用在職場上，例如你有一些工作技能以外的興趣或專長，可以試著在工作以外的場合把訊息釋放出去。例如偶爾透露其實你會寫程式，或在比較輕鬆的社交場合聊到你有在進修外語。這樣一來，大家就會漸漸知道你在工作以外的能力，或許未來會有進一步的合作機會。

不過在跨領域之前，我還是建議先專注在專業的「垂直深化」，不要急著斜槓。因為斜槓有可能成功，也有可能失敗，至少要確保有一個領域是你專精的，接著再一次嘗試一個新的方向，而且至少要學到一般人無法快速到達的門檻，再嘗試下一個，不要貪心一次跨太多領域，最後只會淪為「梧鼠五技而窮」，成為「很多領域的初學者」。

也啾是說…

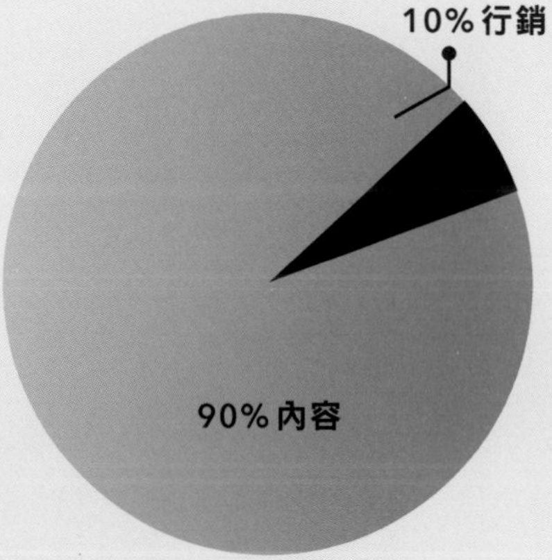

1. 品牌定位
   想到你，就想到________
   想到________，就想到你
2. 分門別類
3. 先垂直深化，再水平擴展

02 演說或報告之前會做哪些準備？

TIP

可能有人覺得，啾啾鞋都拍這麼多影片、接受過那麼多採訪了，演說之前應該不需要做太多準備吧？錯了！拍影片放上頻道，和站在台上對觀眾講話，可以說是截然不同的兩件事！

到目前為止，我大概受邀出席過五十多場演講，聽過我演講的觀眾，可能覺得我看起來好像滿輕鬆的，可以侃侃而談，還可以偶爾來個笑話；其實，回想第一場演講，我真的緊張到不行。但這些年累積的經驗，我也有一些心得訣竅和大家分享。

觀眾是誰，決定你的氣場

職涯抉擇和自媒體經營，是我最常講的兩個題目。即使已經是我非常熟悉的內容，在演講之前，我還是會先向主辦單位確認「觀眾是誰」？包括觀眾的年齡、性別比例、科系、職業，以及對我的「熟悉度」，因為這會決定演講時我呈現出來的「氣場」。

例如大學生是我最常演講的對象，他們的年紀和我比較接近，也有瀏覽YouTube的習慣，通常也比較認識我，甚至平常就有訂閱我的頻道。在這樣的場合，我的「氣場」就可以開得比較大，會表現得更有自信，用一些頻道裡或認識我的人才懂的「內部哏」，如此一來會互動得更熱絡，迅速拉近彼此的距離。

但如果是受邀到企業演講，或是觀眾年齡層比較高的場次，我就會稍微收斂氣場，表現得比較沉穩謙虛，更專注在專業內容的分享。如果表現得過度自信，有時候反而會在長輩心中留下不太好的印象；在這樣的場合，我也不會說太多「內部哏」，因為對我不太熟悉的觀眾會不知道我在說什麼，不僅無法活絡氣氛，還可能會很尷尬。

演講前一定要先了解台下的觀眾是誰？觀眾對你的「熟悉度」，會決定你的「氣場」。如果觀眾根本不認識你，但你卻預設大家都對你很熟悉，很可能會讓觀眾覺得你過度自信，甚至產生反感，不僅無法營造舒服的互動氛圍，更無法將內容傳遞出去。

而且不同的觀眾族群，想聽的內容也不同。例如大學生通常會比較期待聽我分享從學校踏入YouTuber的歷程中，如何找到方向，以及過程的準備、抉擇、心理調適，Q&A時間也比較像人生經驗的分享或解惑。但如果是企業人士，通常會很希望我分享具體的媒體經營術know-how，讓他們有機會實際運用到工作中。

不用一開始就準備到百分之百

我的第一場演講是在二〇一七年，對象是大學生。當時我的頻道大約已經有二十萬訂閱，但面對演講初體驗，我還是超級緊張。

遇到問題，我習慣先從書本找答案，所以當時也參考不少關於演講技巧的書。但老實說，沒有實戰經驗，知道再多技巧也只能在腦中排練；同時也會擔心各種現場突發狀況，例如台下一個人都沒有、麥克風壞掉、觀眾反應很冷淡……等等，總之冒出很多自己嚇自己的念頭。

經過這幾年的經驗累積，我建議第一次演講或上台報告前，設定一個六十分的標準就好。沒有人是天生的演說家，不要幻想第一次上台就可以滔滔不絕，有料、有哏又好笑。而且這只是一場演講，又不是蘋果發表會，要求一個演講新手第一次就表現完美，只是用不切實際的想像綁住自己罷了。

回想一下你聽過的演講，有多少令你印象深刻到永生難忘？有多少講者讓你覺得如沐春風？其實就算你表現得真的很普通，觀眾頂多也就是聽了一場平淡的演講或報告，不是嗎？所以，我建議第一次上台，只要把標準訂在及格就好，不要幻想成果會很糟，也不要幻想會表現得很好。重要的是，不斷地累積實戰經驗，每一次上台後檢討不足，記下來下次改進就好。

而且我發現，上台的前一刻通常是最緊張的，真正上台之後，反而會覺得事情沒有想像中那麼糟。一旦開始演講，就會越說越順，也會發現觀眾其實沒有那麼苛刻。我的第一場演講，也沒有太突出的表現，只是把準備好的內容平穩地說完，安全過關而已，但經過這次經驗，反而讓我更有興趣，也更有勇氣去面對下一場演講。

多準備十五分鐘的內容

每一場演講的時間不同，同一個題目，有時候只有四十分鐘，有時候卻要講兩小時，這時候你會怎麼做？除了事先了解觀眾是誰，我還會進一步了解主辦單位的需求和期待，也就是觀眾想聽什麼？有沒有希望特別深入的部分？

我習慣把演講內容整理成PowerPoint，根據每一場演講的題目和需求，事前進行調整。例如，如果是談職涯抉擇的主題，我會將重點放在從事YouTuber的心路歷程，自媒體經營的技術面就可以分享少一些；如果是到企業演講，他們通常更想聽的是經營自媒體的技術細節，這時候，我就會減少心路歷程的內容比重。

另一個訣竅，是準備比演講時間多十五分鐘的內容。例如一場兩小時的演講，我會準備兩小時十五分鐘的內容，無論最後主軸放在職涯抉擇或自媒體經營，我都有充裕的內容可以彈性補充。這個小技巧還有一個好處，如果不小心說話節奏太快，把準備的內容都說完了，至少還有預備的內容可以救場。

時間和內容的掌控，也是需要練習的技巧，建議在正式上場前，先找親朋好友當觀眾練習。最常遇到的狀況，可能是前段內容講太久，最後發現時間不夠，耽誤到結束時間，只好倉促收尾，結果顯得虎頭蛇尾、不夠從容。只要多練習，你的心裡自然就會有一個掌握節奏的時鐘，尤其當同樣的內容講了十幾場之後，甚至不需要投影片的輔助，無論是時間掌握或與觀眾互動，都會越來越得心應手。

台上一分鐘，台下十年功。很多時候，我們看台上的人講得行雲流水，一派輕鬆，其實同樣的內容，他可能已經經歷數十場，甚至上百場的磨練了。方法無他，就跨出第一步，不斷地練習，累積實戰經驗吧！

也啾是說…

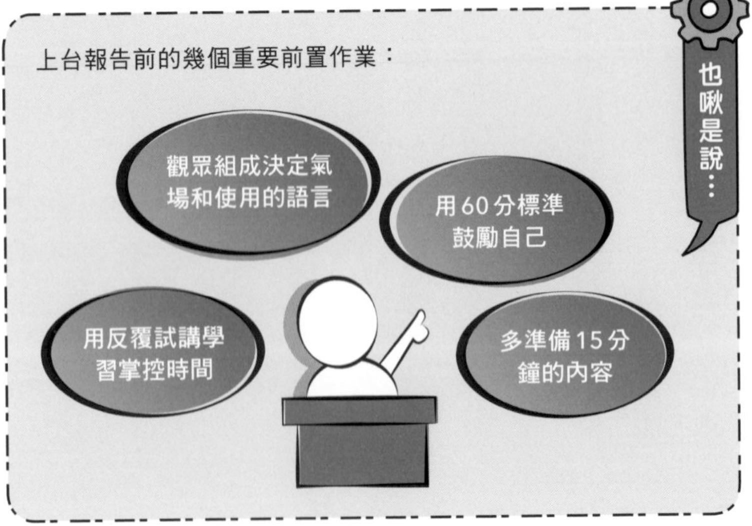
上台報告前的幾個重要前置作業：
觀眾組成決定氣場和使用的語言
用60分標準鼓勵自己
用反覆試講學習掌控時間
多準備15分鐘的內容

03

該怎麼營造自己的個人風格？

TIP

關於個人風格這件事，其實我是有點「後知後覺」的。剛開始製作影片時，我只是專注在我有興趣的內容上，想做出有趣的影片和大家分享，並沒有特別意識到、或想營造什麼樣的個人風格，或用現在的流行語來說，我一開始完全沒有幫自己打造任何「人設」。但是現在回頭看，我發現個人風格就是在這一路的過程中「長」出來的。

看見標籤背後的核心特質

我認為，個人風格通常是一種「事後論」，雖然有些偶像藝人的個人魅力可以透過專業的形象塑造出來，但對絕大多數人來說並不是如此。我會建議，如果你不懂形象包裝，沒有關係，先專注在你想做的事情上，之後「風格」自然就會隨之出現，不需要操之過急。

你可能會問，專注在想做的事情之後，個人風格會怎麼「長」出來？怎麼被發現、或被意識到？其實這是有跡可循的，那就是注意大家給你貼上什麼樣的「標籤」，也就是提到你的時候，大家通常會想到什麼、用什麼樣的詞彙來形容你？

例如我在剛開始經營頻道的時候，做過很多的說書分享，同時也做很多冷知識，比例大約各半。後來我漸漸發現，當別人提到啾啾鞋，通常都會直接連結到冷知識，當時冷知識的影片點閱率也確實比較好。於是，我就知道冷知識就是大家貼在我身上的標籤，應該可以往這個方向走。

有了這個標籤之後，你還必須觀察標籤背後暗喻的「人格特質」。例如，研究冷知識，是因為我喜歡去注意別人覺得理所當然的事情、喜歡挖掘新奇的事物、喜歡認真研究一般人不一定有能力深入的細節。於是，冷知識的「標籤」就變成「對於一個人人格特質的想像」，我就可以把這樣的想像當成我的「核心特質」，抓到核心特質之後，就可以完整地形塑出個人風格。

後來，我做了不同主題的系列影片，例如金融詐騙系列、懷舊遊戲系列，看起來和冷知識很不一樣，但其實都是從前面所說的「核心特質」延伸出來，都是需要花時間找資料、做研究，而且深入調查之後發現意外地有趣，這些特質其實都和冷知識有異曲同工之妙。所以，掌握「核心特質」，就能將觸角拓展出去，不只能做的題材增加了，個人風格也會在過程中建立起來。

在這段過程，觀察其他人的回饋是很重要的，你會知道別人怎麼看你？喜歡或不喜歡你的什麼部分？雖然有一段時間，我也很苦惱會不會被冷知識的標籤限制住了，但試著把視野放大一點，深入去觀察這個標籤背後的隱喻是什麼？它代表什麼樣的核心特質？只要抓到關鍵，就能從中延伸出更多東西，而不會被他人貼上的標籤所囿限。

如何找到呈現風格的內容核心？

也有人會說，營造個人風格，是不是要先設計一套屬於自己的造型、口頭禪、手勢？這確實是一個方法，形象包裝是一門專業的學問，很多藝人明星都有請專業人士負責打理，但我並沒有這麼做。我的影片開場白「嘿！大家好，我是啾啾鞋」，是從第一支影片就開始這樣說，久而久之，觀眾看習慣了，這樣的語氣、口條好像就變成我的特色了。

相較於經營形象，我更建議先找到自己的創作核心，畢竟不論你想呈現什麼樣的風格，都要靠內容堆疊出來，所以內容才是本質。

剛投入創作的YouTuber，可能比較不知道要怎麼找到自己的創作核心。可能什麼都想做，也什麼類型的影片都拍了，但觀眾反應平平，自己也越做越茫然。我建議先從你真的有興趣的主題開始，不要硬做，也不要跟風，因為你對內容有沒有熱情，其實觀眾都看得出來。

如果你只是看到開箱影片點閱率好像很高，就去做了，或者刻意模仿別人的笑點，很容易有格格不入的感覺。更重要的是，如果你不是真心想做，就會有被迫上台演出的感覺，甚至對貼在自己身上的標籤感到厭煩，這樣就很難摸索到前面所說的「核心特質」，也就「長」不出個人風格。

關於形象包裝，商業上有各種操作方法，沒有對錯。但如果你希望你做的事情，是符合你的人格特質，在營造的過程中也感到舒服的，最好還是先從自己有興趣的領域發展，這樣才能做得開心、做出興趣，不需要勉強自己去符合某個特定形象，或者過著檯面上和私底下差異很大的生活，心態上會比較健康，創作起來才會更自在。

當下，你或許只是全心投入在喜歡的事情上，但過了一段時間，你就會從觀眾或旁人的回饋，發現自己的特色。周遭的人就像是一面鏡子，根據他們的回應，也有助於你漸漸釐清自己屬於哪一種類型的人，哪些是你所擅長的事情，更清楚自己的定位。

被模仿，也是一種榮幸

無論是個人風格或創作核心，我建議都從自己出發，不要刻意模仿，更不應該抄襲。但在初期，你確實可以多參考其他人怎麼做，從中激盪出一些靈感，例如，剛開始創作時，我參考很多國內外YouTuber的作品，特別是歐美YouTuber的剪輯節奏，也時常參考「羅輯思維」的影片，例如他用什麼樣的方式傳遞比較複雜的概念？知識性內容適合怎樣的說話語調？甚至是字幕的位置等等。

在這個基礎上，我再針對台灣觀眾的習慣做調整，例如縮短內容長度，加快剪輯節奏，加上穿插素材和背景音樂。雖然一開始會有一點拼裝車的感覺，但時間久了，就會慢慢磨出自己的特色，也會在無意間發展出一條自己的套路、口頭禪和笑點。

在建立個人風格後，接下來你會遇到的問題是有人開始模仿自己。就像「羅輯思維」影響我的節目形式，我又影響了其他知識型YouTuber的節目形式，而且大家後來都有走出自己的風格，我覺得這是好事。面對模仿，我建議正面看待，不要太在意，因為被模仿也是一種榮幸，如果他只能模仿，就代表他不可能超越你，百分之百的模仿是最不需要擔心的，而且有人想要學，更代表你做的是好東西，不是嗎？

總而言之，別太焦慮沒有個人風格、擔心自己沒有記憶點或不夠出色。去看看知名YouTuber早期的影片，或是當紅藝人剛出道的樣子，其實也很「素人」，只要在專業上不斷努力吸收、持續產出，個人風格自然會在過程中出現！

也啾是說⋯

很多人以為是先形塑個人風格、先打造一個「人設」之後，才開始做自己想做的事，例如展開社交圈、成為網路意見領袖⋯⋯等，其實我認為順序應該完全顛倒過來，如下圖：

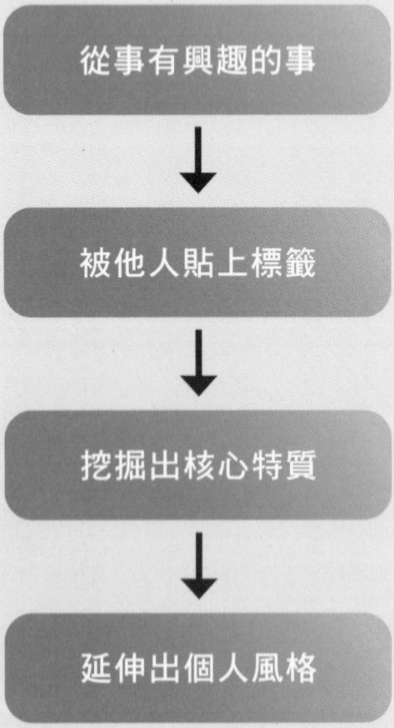

04 嚴肅的話題要怎麼輕鬆講？

在我平時創作的影片裡，常常會遇到比較嚴肅、枯燥的主題，例如科學性較高的超邊緣冷知識等等；或是像許多關注社會議題的 YouTuber，也常常會面臨內容本身資訊量龐大、較難直接引起觀眾興趣的問題，但根據我的經驗與觀察，其實有幾個常用的方法，可以幫助我們把這樣的主題變得更有趣！

善用情境和經驗包裝

許多的簡報、演講課程都會提到，要讓議題變有趣的方法就是要「說故事」（Storytelling），但往往只是告訴大家：「要善用故事包裝喔！」這樣而已，或是課程中舉的故事例子確實很棒，但實際上要自己想一個卻毫無頭緒。道理人人都懂，但是一下子就要想出一個很精采、富有寓意的故事，這實在有點強人所難對吧？

所以比起「說故事」，我比較喜歡用「情境和經驗包裝」，因為情境就像是一個極簡版的故事一樣，其實只要大概提出一個情境，讓大家想像自己身處在情境中，就能達到促進大家思考、降低枯燥感的效果了。而經驗則可以透過直接分享自身、他人的經歷，這其實就是一個現成的、最好的故事了。

安奈特・西蒙斯（Annette Simmons）在她長銷二十年的《說故事的力量》（*The Story Factor*）裡提到了六種故事模板，其中的「你是誰」故事和「我為什麼在這裡」故事，就很接近我這裡提到的情境和經驗包裝。

這邊我會盡量以實際例子、可參考的步驟幫助大家實際執行這個方法。

「極端情境」的力量

極端情境就是，針對你今天要講的議題，做最極端情況的想像。例如，你今天要講的是核能發電的議題。就可以提出這個情境：「請大家想像一下，完全沒有核能的世界會是怎樣的？」或是反過來提出：「請大家想像一下，只靠核能發電的世界會是怎樣的？」

很簡單吧？只要把你的議題推到最極端的情況，不論是正、反面都可以，因為極端情況在真實世界中幾乎不會發生，所以這就是一個有趣、刺激思考的情境了。

再舉一個例子，如果討論的議題是「外貌對人生成就的影響」，提出的情境則可以是：「想像一個全部由帥哥美女組成的世界」，接著可以再提出刺激思考的提問：「當每個人的外貌都很完美的時候，外貌的差別還有意義嗎？」

太空人要怎麼投票？

以我自己的影片來說，當我想要談論「投票是一種實踐民主的方式」，單講這個議題絕對很枯燥，而且很難引起別人的興趣，所以我想到了一個情境是「太空人要怎麼投票？」，聽起來是不是就特別許多了呢？

諸如此類，極端情境可以說是最簡單好用的一個包裝主題的方法了。

練習把個人經驗講得有趣

這個方法看似簡單，但其實是需要多加練習的！相信大家都遇過一種狀況，明明自己的印象裡這個經驗很精采，但怎麼從自己口中講出來，就是變得很枯燥呢？這就是缺乏練習的結果。

仔細回想一下，為什麼這段經驗你自己會覺得有趣呢？其中最主要的因素應該是，其中發生了某種意想不到的轉折，顛覆了常理或是大多數人的生活經驗，才會被歸類為一段有意思的經驗吧？

舉例來說，在講「共享經濟」這個主題的時候，我有一個可用的個人經驗如下：

我曾經去洛杉磯旅行，看到街邊有許多出租的「電動滑板車」。

（台灣人比較少看到這種類型的共享服務）

而且它內建在Uber的APP裡面，可以從手機上看到每台電動滑板車的位置，只要掃描車上的條碼就能解鎖使用。

（再用台灣人已知的Uber幫助大家想像）

這些電動滑板車外型看起來超酷，而且路邊大概每個街區都有三到四台，十分充足。

（描述實際視覺場景幫助想像）

所以，我也很興奮地租了一台，結果發現費率超貴，騎個十分鐘居然就花了兩百多台幣！

（提出讓大家訝異的點）

而且我第一次騎還差點摔倒，老外還上前來關心，超糗！

（融入好笑、落漆的經驗，拉近觀眾距離感，而不只是單純描述、描述、描述）

以上這段經驗分享，有幾個重點：

一、提出觀眾較少聽過的經驗、用多數人有的經驗幫助想像。

二、視覺畫面描述（同樣是為了幫助想像）。

三、提出令人意外的重點。

四、加入好笑親切的部分（選擇性視情況加入）。

刻意練習，雕琢每一次經驗

當然，這幾乎不可能在你第一次分享經驗的時候就做到面面俱到，除非你是經驗老到的老手。所以分享個人經驗聽起來很簡單，好像只要直覺地把發生過的事講過一遍就好，但其實根本不是這麼一回事！你需要大量的事先練習，你可以把以上的這些重點做成一個簡單的清單，當然也可以加入你希望做到的其他效果，然後邊回顧你的經驗，邊檢查這段經驗在描述的時候有沒有包含以上這些重點，如果沒有的話就再試一次，直到最終形成一段有趣的個人經驗分享為止。

其實如果你有針對某些名人做過深入研究就會發現，許多名人在接受訪談時，都會遇到大同小異的問題，而他們在分享個人經驗時，常常就會出現每次都幾乎「一字不差」的情況，這很可能就是經過刻意練習、逐步修正最終達到的結果。所以你也應該針對你要談論的議題，準備好許多像這樣的經驗素材，並把它們雕琢到最精緻、最完美的狀態！

也啾是說⋯⋯

嚴肅的主題是核心，就像包子的內餡，需要層層包裹在裡面，透過美好的包裝讓它看起來美味可口，就像這樣：

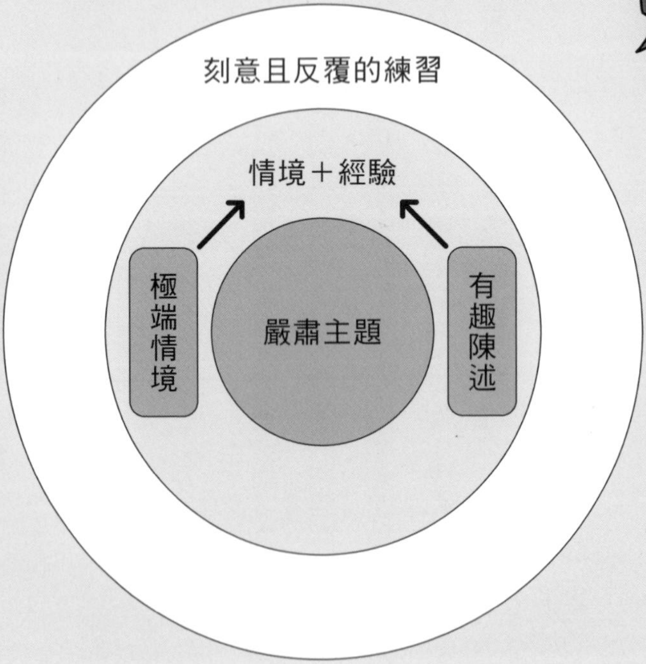

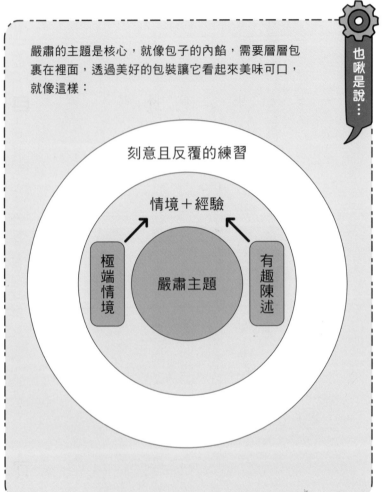

05 怎麼讓自己的表達更有趣？

曾經有人說，解析幽默就像是解剖一隻青蛙一樣，等你弄清楚了，青蛙也死了，但以傳遞訊息給他人來說，幽默看起來似乎又不可或缺！那麼，天生沒什麼幽默感的人該怎麼做，才能讓表達更有趣呢？

不知道大家平常有沒有看單口喜劇？我從單口喜劇演員身上學到一件事，那就是好笑的笑話通常都有一個共同的結構，簡單來說可以分成鋪陳（set-up）和笑點（punchline）。

鋪陳，是一種能量的累積。尤其喜劇演員，他們的鋪陳有時候會很長，甚至超過五分鐘的內容都在

幽默？低級？真的有差嗎？

鋪陳。

笑點，則是鋪陳到最後，能量累積到極限之後，突然來一個點睛之筆，因為一個瞬間的反差讓觀眾哄堂大笑。笑點要好笑，必須出人意料，但又合乎情理。這就是善用認知心理學上的「失諧—解困模式」（Incongruity-Resolution Model），如果認知跟預期不符、又能讓人理解的話，觀眾就會覺得好笑。

最常見的做法，就是先讓觀眾進入故事的情境，把人事時地物先交代清楚，這時候都還只是「鋪陳」階段；接著你會聽到他語速越來越快，資訊量越塞越多，然後瞬間來一個有反差感的爆點，然後台下就會爆出哄堂大笑。

例如，我在演講中有一個段落是談剪輯影片的過程，我就會用很多的詞彙堆疊來形容我做的事，包括影音對齊、粗剪、上字幕、加動畫、放過場、加特效、校對、輸出……，而且越講越快，讓能量一波又一波累積起來；當大家都屏息以待的時候，最後說「所以我後來就請剪接師了」。根據我的經驗，能量累積越飽滿，突然說出笑點的反應就會越好。

另一個例子，是我在講解YouTuber如何製作縮圖。我會先說明要領，例如主體明確、字體大又清楚等等，接著提供舉例，這時候我會拿很多YouTuber的縮圖當作案例，並且標註他們分別用了哪些要領。大量的舉例就是用合乎常理推論的案例來累積能量。

最後，我會放上「阿滴英文」的影片縮圖，故意遮住阿滴，只留下滴妹，這時候的標註是「主體明確」，也就是阿滴不重要，滴妹才是重點。這個舉例既合乎前面的縮圖製作要領，但又出人意料之外，就是一個不錯的笑點，通常九成以上的觀眾都會笑。

此外，我也建議演講時輕鬆的段落和嚴肅的段落要穿插進行，例如個人經驗分享通常比較輕鬆，就可以和調性比較嚴肅的技術面內容互相穿插，觀眾會覺得比較有節奏起伏。

創造有個人特色的笑點，從生活中累積素材

表達有趣不只是YouTuber和喜劇演員需要，其實在一般生活也能派上用場。例如，社交場合和人寒暄閒談，有些人就是很有魅力，身邊時常圍了很多觀眾，有些人卻總是只能淺談幾句。

所謂「有趣」，不一定是有哏或有爆點，也可以是「有共鳴」。想想看，你有沒有辦法把一個故事，從觀眾會有共鳴的角度切入，讓大家因為「我也有這樣的經驗」而提起興趣聆聽，甚至越聽越有興味，覺得你很幽默風趣。

其實所謂「有共鳴」的內容，可以在日常生活中就刻意蒐集，例如職場上遇到的小插曲、生活中觀察到有趣的人事物，都可以記錄下來當作素材；技術面的內容人人會說，但是穿插其中的輕鬆話題卻很需要有個人特色。就像喜劇演員，也是從生活中不斷蒐集素材，編寫成腳本，上台表現得渾然天成，其實都是有意識地累積和創作。

幽默風趣，也需要刻意練習

當你掌握笑話的結構，手中也有素材，接下來就是反覆練習。是的，說笑話也需要練習！如果有一個社交場合需要你展現幽默風趣的一面，不妨就當作要上台演講來準備。

當然你無法預期那個社交場合會遇到哪些人、哪些事，但你可以事先想好鋪陳和笑點，甚至寫下來，多練幾次，揣摩一下當你有機會跟別人講到這個故事時，要怎麼樣才能把它說得有趣、說得活靈活現。這樣刻意練習久了以後，你會發現自己不僅領悟到笑話的結構，而且將它內化成自己的一部分，真正開口時，就能從容不迫，就像你臨時想到一樣自然。就像喜劇演員的腳本，也都是經過反覆琢磨修改，甚至事先講給身邊的人聽、測試反應。所以等到上場時，他說出來的都是經過檢驗的一百分笑話，讓你不笑也難。

EXPRESS

不要幻想自己是天生的幽默者，因為絕大多數人都不是，甚至連許多知名的喜劇演員都不是；也不用急著讓自己看起來很幽默風趣，因為除了練習，沒有捷徑。就像我的演講，不管是內容、畫面、笑話，甚至語氣，其實都有經過事先思考和反覆練習，時間久了，甚至連面對觀眾的提問，當下都能臨時想出有趣的回答了。

也啾是說…

善用心理學上的「失諧—解困模式」（Incongruity-Resolution Model），經過前期的鋪陳，然後把後期的笑點放在最適當的位置。

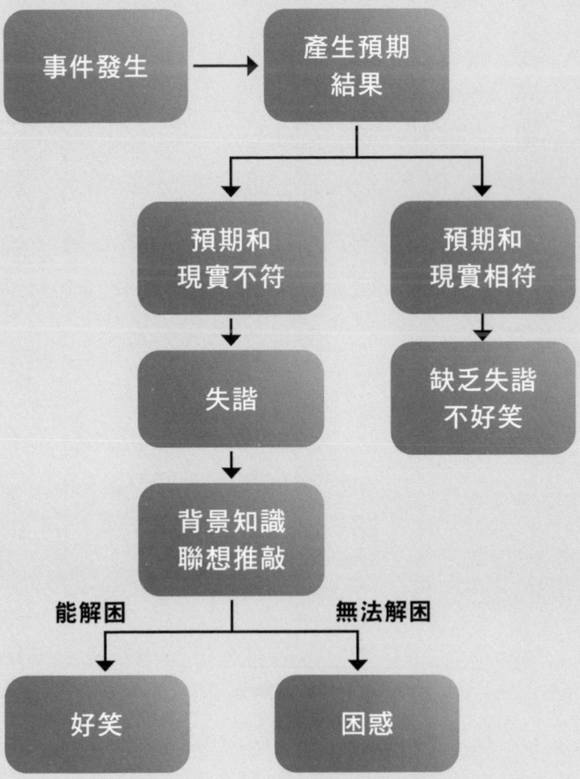

06 即興發言的時候，要怎樣才不會講得語無倫次？

語無倫次的情況，我也發生過。表達語無倫次，通常也代表你的腦中一團混亂，沒有把思緒整理好；有可能是事先準備不足、練習不夠，也有可能是你太急著把話說出口，不懂得「停頓」。我認為，想要避免語無倫次，最重要的一件事就是「懂得閉嘴」！

為什麼一定要急著開口？

很多人被臨時要求發表意見，或者發表即席演說時，會顯得十分倉促，心跳加快，硬是擠出一串內容，卻說得結結巴巴、前言不對後語，最後根本沒談到重點。為什麼大腦和嘴巴這時候不站在同一陣線呢？

很多時候，是因為我們心中有一個理想的典範，他們看似遇到任何提問都能對答如流、侃侃而談，即使尖銳的問題也能迎刃而解。但輪到自己的時候，卻發現要做到這件事情其實非常困難，這就是角色轉換的落差。

很多人都有這樣的經驗，上台之後感覺已經講了很久，時間卻只過了兩分鐘，時間突然變得很漫長，度秒如年。講者的時間感就像精神時光屋，比觀眾的時間感慢很多。演講時，我們常不自覺加快語速，深怕內容不夠豐富；遇到提問時，也急著給出答案，怕猶豫遲疑會讓自己看起來很弱，更怕場子空在那裡很尷尬。

真的是如此嗎？仔細回想一下，當你是觀眾的時候，當演講者在過程中停下來思考了十秒鐘，是不是其實也還好？再看看蘋果發表會的賈伯斯，當他被提問時，時常陷入長達二、三十秒的沉默，完全不說話。但當他再次開口，往往會給出令人折服的答案，甚至是名言金句。

所以，避免語無倫次的第一個練習，就是懂得停頓、敢停頓，在忍不住脫口而出之前，告訴自己「快閉嘴」！

停頓，為大腦按下暫停鍵，提升觀眾的期待感

《生活的藝術》的作者魯爾夫·杜伯里（Rolf Dobelli）曾說，大腦是一座「意見火山」，即使對議題沒有深入思考，還是可以快速地提出答案，而且會在說出口後試圖合理化，說服自己這個答案是明智的。

所以一般人發表意見時，常犯這三個錯誤：對自己不感興趣的話題發表意見、對無法回答的問題高談闊論、輕易對複雜的問題拋出答案。回想看看，你是不是也是如此？因為每個人的大腦結構不同，所以從想法在腦中浮現到說出口的歷程是不太一樣的。但我

為什麼我們應該少發表意見？

們可以訓練自己，先在腦中把想法整理好再說出口。

作為知識型的 YouTuber，透過停頓梳理思路的技巧特別重要。因為我們分享的內容必須顧及正確性和準確度，以免提供觀眾錯誤的資訊。急著說出口，有時會造成用詞不夠精準；或者為了提升可信度，導致說法太過武斷。

停頓的好處，在於幫大腦按下暫停鍵，讓它冷靜一下，同時先在腦中想好一個「說法」。例如，某個科學發現還只是一個假說，我就會提醒自己不要說得太斬釘截鐵，最後也會記得補充說明，提醒觀眾這個發現只是現階段的成果，未來也有可能被推翻。在用詞和說法上保留轉圜的餘地，有多少證據說多少話，不僅能避免誤導觀眾，也是面對學術研究比較負責任的態度。

所以，停頓是給自己一段思考的時間，不要急著給出答案，確定自己想清楚了再說出來。而且有時候，停頓反而會提升觀眾的期待感，讓他們更聚精會神地期待你接下來要說的內容。

停頓，不一定是突然沉默，你可以說：「讓我思考一下怎麼回答」，讓對方知道你需要時間想一下；或者請提問者「再問一次」，為自己多爭取一些時間。第一次可能需要一些勇氣，多練習幾次，就會越來越自然。而且你會發現，多這十秒鐘，你可以把要說的內容梳理得更完整、更有條理，開口就會更有自信。

考試失常、上台緊張、關鍵時刻總是無法發揮水準？

去除公開發言的負面連結

除了腦袋中思緒混亂造成的語無倫次之外，很多人之所以會失常和緊張，都是因為各種回憶中的「陰影」，以及預測中的「腦補」，造成你對這件事的恐懼，例如曾經看過別人語無倫次被嘲笑、或是覺得自己表現不好會挨罵等等，所以必須要先把「公開發言」跟這些負面的情境連結斬除，你可以透過「覺察」（意識到自己正在害怕），去思考自己當下的感覺是什麼？為什麼自己會這樣想？是哪些過去的回憶，或是自己對未來的預測導致的？然後用新的思考模式取代舊有的思考模式，如果沒有先去除掉恐懼這個因子，即使腦袋中的想法已經組織好、架構好，表達出來的過程可能還是會充滿障礙！

先說結論，再補充說明

最後，再和大家分享一個發言的小訣竅。

一般而言，發言的時間通常很短，對方通常也沒有期待你長篇大論，那麼除了在腦中快速整理想法，有沒有什麼讓簡短發言更有力的技巧呢？我的經驗是，如果只有一、兩分鐘可以回答，就先說結論，先把結論說完，再看有多少時間解釋說明。

先說結論，至少把你的觀點很明確地傳達出去，盡量讓提問的人知道你是怎麼想的，也因為你先表示「因為時間有限，我先說結論」，如果後面解釋的時間不夠，或說明的邏輯不夠嚴謹，對方也可以理解，在有限的時間內你已經盡力回答。

也啾是說…

導致發言時漏洞百出、缺乏邏輯的三大障礙：

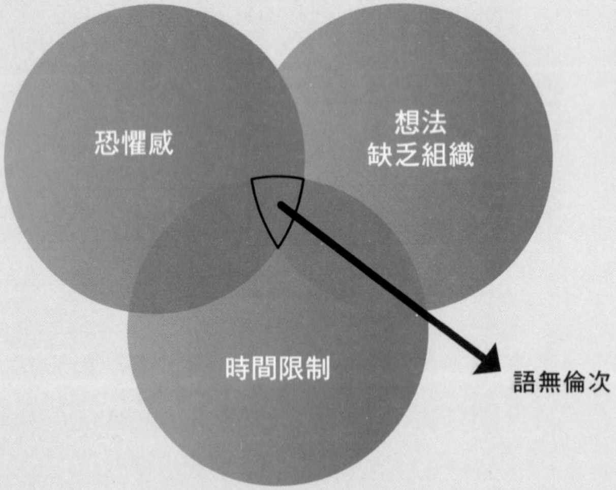

07

演說時有哪些可以運用的肢體語言？

TIP

很多人在公開表達的時候，只著重在口條和內容方面的練習，但是肢體動作卻顯得不知所措，常常不知道手應該放哪裡、腳是不是要打開……，這些細節都會左右觀眾對你的整體觀感。

以我自己的實務經驗來看，現場演講和錄影片有很大的不同。錄影片的時候，我必須在很短的時間講完知識密度很高的內容，所以語速要快、要有字幕和圖表輔助，肢體語言相較之下沒有那麼關鍵；但現場演講必須把語速放慢，更重視觀眾的反應和現場氛圍的經營，這時候，肢體語言的輔助就不可或缺。

先從「一二三」和「上下左右」開始

肢體語言不用多，也不用誇張，但確實需要一些設計和練習。

根據我的實務經驗，最簡單的肢體語言就是「一二三」。演講過程中，一定會遇到需要分點說明或條列細項的內容，當你說出第一點、第二點、第三點的時候，可以同時順勢比出一二三的手勢。

這個動作雖然非常簡單，但根據芝加哥大學伊莉莎白・韋克菲爾德（Elizabeth Wakefield）等學者透過眼動追蹤的研究，手勢加上語言的教學，會比單純的語言教學讓學童表現得更好，也就是觀眾會更能夠吸收你想傳達的訊息。

你可以現在就練習看看，不習慣肢體語言的人一開始可能會覺得有點彆扭，其實一點也不奇怪，不需要像小時候演講比賽那樣刻意，而是非常自然地比出來。搭配這樣的手勢，也會讓你正在說明的內容更加具體，可以說是肢體語言的入門款。

再來就是上下左右、高低、大小、長寬，這些都是生活中最常出現的概念。當講到某個方位、數據的起伏、東西的大小，都可以順勢比劃出手勢。這些都不是刻意為之或誇張的肢體語言，但會讓你看起來更靈活，不會太嚴謹呆板，也會更吸引觀眾的目光。

如果你想當專業的演說家，肢體語言絕對是一門值得深入研究的專業學問；但如果只是需要提案或報告的一般人，通常只是需要用手勢加強語氣、看起來自然即可，我建議要先「敢比」，就從這幾個基本款的手勢開始練習。

沒有輔助工具時，手要放哪裡？

演講的時候，通常都會有麥克風、投影遙控器，甚至還要一邊操作筆電，握著它們，你可能會覺得很有安全感。但如果今天完全沒有這些道具，很多人就開始手足無措，不知道手要放哪裡？

記得幫你的手找個舒服又自然的位置，不要雙手緊貼大腿，會讓你看起來很僵硬。如果是比較輕鬆的場合，可以四隻手指插口袋，讓大拇指露出來；如果是比較嚴肅的場合，可以握空拳放在腰間，這個方式有點接近手插口袋，但又不至於太休閒。如果雙手都閒置，也可以雙手指尖交叉，放在接近肚臍的位置，讓手腕自然下垂。

拍影片的時候，因為考量鏡位通常只拍上半身，我的手勢就會比較高。但如果是現場演說，我會盡量把手勢控制在胸部到腰部之間，這個範圍會讓不同角度的觀眾都看得清楚。

站姿和坐姿的不同注意事項

除了手勢，還要考慮站姿和坐姿。

演講的時候，我比較喜歡站在某個定點，講到一個段落再換到另一個定點。我比較不會頻繁地在台上走來走去，也比較少到台下走動，因為這樣可能會給觀眾太大的壓力，覺得：「你要幹嘛？」、「等一下該不會 cue 我起來講話吧？」有時候可能造成反效果。

站立的時候，盡量固定雙腳，與肩同寬，下半身不要移動得太頻繁，上半身自然即可。下半身移動，整個身體就會跟著動，如果身體一直轉移重心，或是左右晃動，容易給人飄移散漫的感覺。

有時候主辦單位也會安排椅子，尤其是對談的場合。如果是男生，可以翹腳，但不要太誇張；如果翹得太誇張，但本身的氣場又不夠強大，或是說話不夠有自信，就會顯得很奇怪。

比較保險的坐姿，是平穩坐好，上半身稍微前傾，雙手手肘靠在大腿上，手指前端微微交叉，這個姿勢代表你很專注，表示你很尊重主持人和現場觀眾。如果聊到比較輕鬆軟性的內容，坐姿可以輕鬆一些，稍微往後靠；如果是比較嚴肅的內容，或資訊量比較大的時候，最好是往前傾。上半身的前傾或後仰，其實在視覺上有很大的差別，不僅表現你的態度，也會影響觀眾的專注力。

自我檢視，把演講過程錄下來

剛開始演講時，我發現我說到重音時，會不自覺地點頭，而且很頻繁；早期的觀眾有時候也會吐槽，說我在影片裡手勢太多。正因為我是肢體語言很多的人，所以我知道必須在這方面多琢磨，才能在拍影片或演講時有比較好的儀態。所以前面分享的技巧都是我從實戰經驗中研究累積出來，是我自己嘗試過覺得舒服的肢體語言。

如果這方面的經驗比較不充足的人，我建議可以把你報告或演說的畫面錄下來，回去再看一遍。我以前也會把自己的演講錄下來，這樣做有幾個好處。首先，確認重點的段落，自己的表現如何？確認演講的節奏是否符合原本的安排，不同調性的段落有沒有相互穿插？也可以順便觀察自己的肢體語言，有沒有太僵硬或不夠得體的地方？

此外，有時候演講者會過度投入或太過緊張，無法分心觀察現場觀眾的反應；錄下來重看一遍，也可以確認觀眾有沒有跟著你的節奏走。如果發現有某個段落，觀眾看起來好像很無聊，開始交頭接耳、面無表情或是滑手機，下次就可以再做調整。很推薦正在累積經驗值的人可以把自己的表現錄下來，對自我檢視很有幫助，下一場就能做得更好。

也啾是說⋯

幾個報告或演說的實用動作：

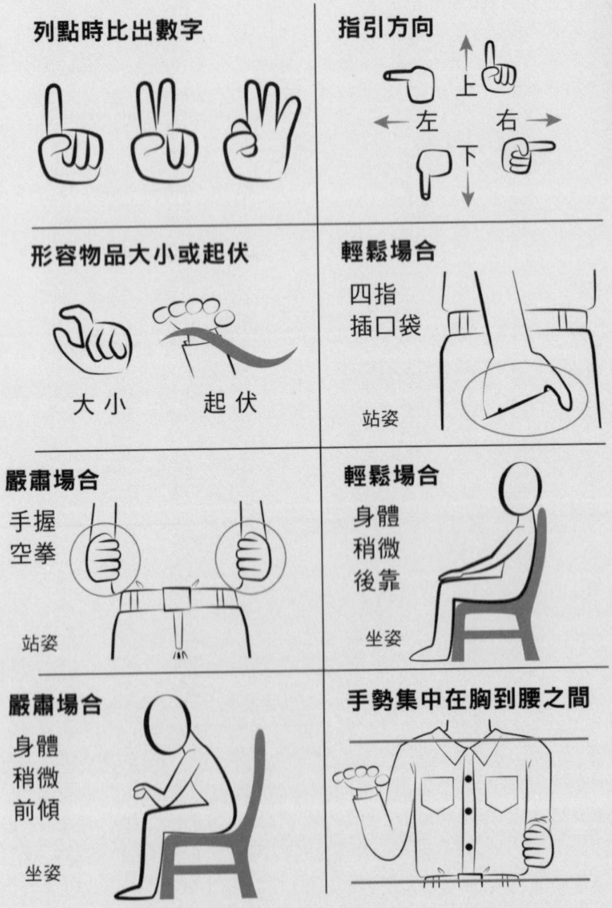

參考文獻

- Wakefield, Elizabeth; Novack, Miriam A; Congdon, Eliza L et al. (2018) Gesture helps learners learn, but not merely by guiding their visual attention. *Dev Sci 21:e12664*

08

要怎麼適度跟觀眾互動？

當你想要避免上台後自說自話、場面尷尬，通常就會想安排一些跟觀眾互動的橋段，但首先，我認為要先給自己心理建設：不要太期待觀眾會跟你熱情互動。

我剛開始演講時，也會期待能和台下觀眾熱情互動，但後來我發現，至少就台灣而言，多數的觀眾其實比較不習慣互動式的演講，甚至連講者走到台下都不習慣，因為很多人會感覺很緊張，擔心是不是會被點名、被請上台，變成眾目睽睽下的焦點，結果反而無法放輕鬆聽講。

其實，回想一下自己當觀眾的時候，就算整場演講沒有太多互動的橋段、很少人舉手問問題，最差的狀況也就只是一場平凡的演講。所以不要擔心在台上會乾掉，也不要焦慮問問題沒有人回應，先做好心理準備，不要過度期待，就不會受傷害，就不會因為觀眾的反應打亂自己的節奏。

什麼時候需要和觀眾互動？

每一場演講，都有它的節奏，而這個節奏應該在準備演講時就先思考過。如果是Q&A，我通常會留在演講的尾聲，這也是多數主辦單位偏好的流程。對演講者來說，前面的時間就能專注在內容的分享，比較不會打亂節奏；對主辦單位來說，把Q&A安排在最後，就不用在中間安排麥克風傳遞，也比較不會出現音響問題。

除了Q&A，也可以利用一些比較輕鬆的橋段和觀眾互動。當你說完資訊量很多的段落時，可以先穿插一個比較輕鬆的橋段，例如個人經驗、實際案例，這樣的好處是讓觀眾有時間消化一下前面的內容，讓他們有一個對照組或經驗值，有機會在腦中想像一下、演練一遍。如果在分享大量資訊後，馬上問大家：「有沒有問題？」觀眾比較容易一片沉默。不是他們沒有問題，而是還沒有時間消化，如果穿插一個輕鬆的段落，讓觀眾停下來、想一想，他們就有機會發現遺漏或想追問的細節。

而且問法上，我會盡量避免用「有沒有問題？」，因為有些觀眾會擔心只有他個人有問題，而不敢提問，也會讓觀眾有一種挑戰演講者的感覺。建議換成比較正面表述的說法，例如：「有沒有想再釐清的部分？」、「有沒有什麼細節想再了解？」會讓想提問的人比較沒有心理負擔。

自問自答，然後「自己先舉手」

如果真的沒有觀眾發問或回答，該怎麼辦？我的做法是自問自答。

例如，我會主動提幾個演講時最常被問到的問題，然後接著自己繼續分享。最常被問到的問題，代表多數的觀眾有這樣的需求。至少我可以用自問自答的方式，多提供一些內容，也許可以說給那些其實想問又不好意思舉手的觀眾，讓大家多帶一些東西回家。自問自答也像是拋磚引玉，有問題的觀眾可能會因此比較敢舉手。

另一個小技巧，是自問自答之後，多加一句「對不對」。你會發現有一些認同的觀眾會點個頭，這就是很好的開始，用簡單的互動幫大家暖身，而不是一開始就強迫大家說話。這樣多做一、兩次，建立比較輕鬆的互動關係後，就比較有人敢提問或回答問題了。

還有一個我常用的技巧，是自己先舉手。例如，當我說「聽過的人請舉手」，可能台下的觀眾還不太敢表達看法；但如果我說「聽過的人請舉手」，同時自己先把手舉起來，這時候可能有一些觀眾會比較敢舉手，甚至不自覺地舉手。這就是鏡像神經元（Mirror Neuron）系統的作用，當我們看到別人進行某個動作時，不用細想就能心領神會，甚至開始模仿。

「口頭上」請觀眾舉手，和「肢體上」邀請觀眾舉手的心理壓力完全不同。自己先舉手，用肢體來暗示觀眾，降低他們內心的抗拒，會讓他們願意舉手的機率高很多。如果現場條件許可，也可以利用傳紙條或線上即時提問的方式，事先蒐集問題，再交由演講者回答，根據我的經驗，很多人不好意思當場問問題，但若是匿名的管道，他們就很樂意。

互動之後，記得回到原本的節奏

前面說過，演講的節奏應該在準備演講時就先安排好，包括互動結束之後，如何回到原本的節奏。

經過互動的段落之後，現場的氛圍可能會比較輕鬆活絡，但同時也可能讓觀眾的專注力稍微鬆懈。為了把大家的注意力抓回來，不讓現場的凝聚力散掉，回到原本的節奏是很重要的。我通常會用一個新的內容段落凝聚觀眾的注意力，這時候可以說「接下來，我們進入下一個階段」，或是「好，我們再回頭來看」，聽起來很簡單，卻是很有效的暗示，觀眾聽到就知道要轉換心情、重新投入。

根據我的經驗，不同背景的觀眾因為思考方式的差異，也會有不同的互動模式。例如理工科系的學生通常比較不喜歡現場提問，他們更喜歡在會後發問；文科的學生就比較偏好現場提問，或許是他們平常就很習慣討論的氛圍。

如果運用一些小技巧，還是無法順利和觀眾互動，我覺得也不要太放在心上。因為演講現場的氣氛經營和很多環境或技術性因素都有關係，例如現場空調太冷、空氣太悶、音響太小聲等等，這些細節也會影響觀眾的心情和專注力，有時候未必是演講者的問題，只要用心把資訊傳達出去就好。

也啾是說⋯

和台下互動的幾個要訣：

一、把互動段落安排在比較嚴肅與資訊量大的橋段後方，作為一個放鬆與過場。

二、修飾用詞，降低觀眾願意互動的門檻。

三、善用鏡像神經元的作用，也就是當觀察到其他個體進行某個動作時，自己也會觸發進行該動作的認知，藉此引導觀眾舉手、移動或發言。

四、互動後用一句明確的發語詞，重新凝聚觀眾的注意力。

09 如何面對突如其來的提問而不被問倒？

首先，我認為期待「不被問倒」本身就是一個迷思。

回想一下，當你向別人請教時，你也不會期待對方一定有問必答，或給出百分之百令你滿意的答案。當他說「這個問題我不太了解」時，你也不會太苛責，或對他感到失望。當今天角色轉換，你成為被提問的人，卻很怕自己成為那種不知道問題答案的人，為什麼？

事實上，沒有一個人無所不知，我有時候也會被問到不知道該怎麼回答的問題。這個時候，大方承認就好，直接表示「這件事情我不太清楚」、「這個問題我不太確定」，沒有必要不懂裝懂或是硬拗，觀眾其實都看得出來，有時候反而更容易露出破綻，讓氣氛更尷尬。

事先建立屬於你的「常見Q&A」

根據我的經驗，演講場合的提問絕大多數都是重複的。就像前面提過，在我的經驗裡，從上台演說到媒體採訪，大約有八成的問題都是過去曾經有人問過、我也已經回答過的，所以不妨從這些問題下手，事先做準備。

例如，面對YouTuber，多數人問的問題其實大同小異。例如學生常問：「選擇這個職業時，如何和家長溝通，才不會讓他們擔心？」、「如果有一天過氣了，該怎麼辦？有沒有什麼後路？怎麼考慮這些風險性問題？」學生的提問大多與職涯抉擇有關，牽涉的面向相對廣泛；至於企業則偏好問經營自媒體的技術細節，因為是很具體的專業內容，會更容易回答。

就像很多企業網站上會有「常見Q&A」，你也可以建立一套屬於你的「常見Q&A」。先把這些問題的答案想好基本架構，當真的被問到時，就能多一分從容應對。同樣的技巧，也可以應用在面試準備，因為針對這個職務和你的履歷，應該有一些基本問題是每個面試官都會問的，至少把這些「必考題」準備好，當場被問到就能回答得比較順，也更有心力去面對其他提問。

回答問題，是技術，也是藝術。第一次回答時，肯定會有疏漏，或表達不佳，這都很正常。你可以練習事後回想，記下要改進的地方，或是利用通勤空檔自問自答，時間久了，自然會越來越熟練，最後，別人就會覺得你對答如流，其實只是你已經被問過很多次，也練習很多次罷了。

遇到犀利提問如何圓融處理？

有些演講的場合，可能會遇到比較犀利的提問者，他的問題聽起來好像是刻意挑戰演講者，或是不同意演講者的觀點。如果遇到這種情形，不用心慌，可以討論，但不需要爭辯。

絕大多數的時候，意見相左最終只是價值觀的不同，導致看待事情的角度不同，沒有對錯。這時候，試圖和對方爭辯是沒有意義的，因為彼此的核心觀念就是大相逕庭，很難找到理性對話的契機。這時候，身為演講者，在眾目睽睽之下，大家都等著看你如何圓融處理，這時你應該適時地轉換氣氛，尊重對方的言論即可，讓流程繼續推進下去，這樣才能照顧到現場其他觀眾的感受。

有時候，也會遇到一些比較難回答，或有爭議的問題。例如，如果某位YouTuber發生爭議事件，可能就會有觀眾提問，想知道我對這件事的看法。或者我也遇過觀眾問：「為什麼有些YouTuber會去拍廢片？」這種時候，我會注意自己的立場和用詞，以身為YouTuber的經驗，分享我拍影片時會希望帶給觀眾什麼、每種影片都有它希望帶給讀者的概念或感受等等，不從YouTuber本身的意圖回答（針對人），而是從廢片的價值（針對中性的物）來回答，一方面從另一個角度回答對方的問題，一方面

三個名人常用的溝通技巧，改善人際關係！

也不去評論其他人的作品，達到圓融處理提問的結果。

停頓，也是一種藝術

遇到這些比較難回答的提問，也有一個小技巧，就是「停下來」。很多人因為怕冷場、怕觀眾睡著、怕觀眾無聊，會刻意塞很多內容、準備很多笑話，而且滔滔不絕；但你去觀察那些資深的演說家，他們反而很敢「停頓」。其實「不說話」，而且神態自若，也是一門藝術。

首先，你可以利用停頓調整演講的節奏，也許是一個重點段落的結束，讓自己和觀眾都喘口氣、消化一下；也許是一個希望觀眾思考的問題，利用停頓的幾秒鐘，讓觀眾有時間想一想；甚至在你感覺觀眾精神有些渙散的時候，停頓也可以幫助大家重新凝聚注意力。

停頓，不是什麼都沒發生，更不是冷場的尷尬時

不說話的技術

刻；有時候停頓，是為了凝聚氣氛，讓觀眾的專注力和思路在那空白的幾秒鐘更加凝聚。

當然，遇到棘手的問題，你也可以利用停頓的技巧。不要擔心，觀眾不會覺得你被問倒而手足無措，他們會覺得你在思考要如何回答。你可以利用這個短暫的時間，快速整理一下腦中的思緒，也因為按下暫停鍵，讓大腦冷靜一下，你會回答得比較謹慎周全，也比較不容易說錯話。

這種技巧稱為「刻意創造的尷尬停頓」（Intentional Awkward Pause），是溝通當中非常重要、卻又經常被忽略的技巧，像是在課堂上，只要老師一停頓下來，原先分心的人都會紛紛聚精會神起來。

當然，「停頓」是比較進階的技巧，需要一定的經驗和自信，一開始可能不太敢嘗試，也沒有那個餘裕嘗試。等到時機成熟，不妨試試在某些橋段或遇到挑戰性問題時停下來，觀察觀眾的反應，就會漸漸發現「停頓」的神奇效果，也更能把問題回覆得得心應手。

也啾是說…

接收到問題

是否在自己預備的
常見Q&A中？

是

Safe!

否

- 用停頓做進階思考和凝聚注意力
- 不做針對個人的評論和爭論
- 從另一個角度回答問題

10 如何面對別人的挑戰跟否定？

TIP

作為一個公眾人物，絕對會碰到來自四面八方的網友評論，雖然我比較幸運的是，追蹤我的人大多是為了追尋知識而來，平均素養比較好，不太會有酸民攻擊的情形發生；但也正是因為追尋知識，如果遇到比我更內行的觀眾，難免會面臨某些挑戰甚至否定。

雖然這樣說很雞湯，但別人的挑戰和否定，其實都是讓自己進步、學習更多知識的機會，往往也會獲得另一種看待事情的角度。

我曾經做過一支討論糖尿病治療新技術的影片，當時就有一些網友留言，說我的用詞不夠精

▽
利用「電磁場」治療糖尿病的全新療法？

準、處理得不太嚴謹，老實說，剛開始我也覺得有點洩氣，好像自己的努力被否定了。後來轉念一想，網友們並不是對我做人身攻擊，也不是惡意批評，用詞也並不尖銳，只是提出自己的見解或疑問。放下一時的情緒，就會發現這都是學習的機會和進步的能量。

有錯認錯，絕不硬拗

知識性的內容，很容易受到專業人士的挑戰。因為每個專業領域，都有一個本來就存在的知識社群；你可以想像一下學術圈，每個科系的教授、研究生、大學生，就是那個領域的專業社群，也就是最熟悉該領域專業知識的一群人。知識的對錯，他們最清楚，如果有人討論到他們的相關領域，當然也更容易引起他們的注意。

例如我談到利用「電磁場」治療糖尿病的全新療法，首先就會面對來自物理專業社群的挑戰，這種越專業、越細節的主題，越容易被仔細檢視。所以在影片發布前，研究功課不能馬虎；用詞要再三斟酌是不是夠精準；還在發展中的研究，也不宜說得太絕對。我也會在影片下方附上論文出處提供參考，表示我的內容是「有所本」，也方便想深入了解的人自行閱讀。

不同的學科領域，面對的挑戰也不同。理科的知識，常常是一翻兩瞪眼，如果是一般研究，通常都是看實驗規劃、實驗過程、實驗結果，對錯非常明確，沒有太多模糊空間。但如果是人文和社會科學的領域，例如文學、哲學、心理學，或者社會實驗、政策、價值觀，就未必有絕對的對錯，有很大的討論空間，這又是另一種困難。

剛開始創作時，我也會有點戰戰兢兢，害怕說錯會把錯誤的資訊帶給大家。要避免錯誤，首先是自己的準備功課要嚴謹，充分理解主題、盡力排除錯誤。如果真的犯錯了，就坦然認錯吧！其實多數的大眾是理性的，並不會太過苛責，發現錯誤，立刻修正就好。

如果真的遇到有人提出專業論述，證明你的錯誤，就大方承認對方的專業。尤其是那些理性提出意見，不是情緒性攻擊的人，其實這樣的回饋是很難得的，我們應該認真看待，尊重他的意見。至於，如果是為反對而反對，刻意做出人身攻擊的留言，或是影片下方的「我不喜歡」，其實只要略過即可，不需要花太多時間糾結。

承認自己的不足和錯誤，不是什麼丟臉的事情，如果虛心回應還會贏得好感，反而要很小心不要硬拗，硬要把錯的拗成對的，不只會引發反感，還會錯過即時自我修正的時機。

有人喜歡有人討厭，觀眾的聲音到底要不要聽？

作為YouTuber，除了要為自己的作品負責，也需要隨時接受訂閱戶和大眾的檢視。例如有一段時間觀眾會說，啾啾鞋的影片內容不再全是知識類型，是不是創作的初衷變了？或者我的冷知識系列經營久了，有人會說看得有點膩了；但同時，我開始做不同系列的影片，又有人說為什麼冷知識越做越少？我就是想看那個……等。

對我們來說，最直接的觀眾意見就是點閱率。像我做了冷知識一段時間之後，發現點閱率很難繼續突破，於是開始做金融詐騙案件系列。每個系列都有它的生命週期，通常不太可能一路長紅，點閱率差，代表觀眾對你的內容不感興趣。關鍵在於你有沒有敏銳度，在點閱率持平或下滑之前，就掌握到這個訊號，開始考慮內容的創新或轉型。

每個階段的作品，觀眾都會有不同意見，到底要不要依據觀眾的聲音去調整頻道的內容？我覺得這個問題因人而異。

對我來說，因為YouTuber是我的全職工作，所以我會同時考量創作面和經濟面。我認為以職業發展來說，不可能完全忽略市場的聲音，所以反應好的主題就有繼續做的意義，當某個系列快走到盡頭，就必須去構思新的內容，不需要用過去的框架限制自己。

所以當我想減少某個系列的內容時，我考慮的就不只是只喜歡看那個系列的觀眾，而是考慮頻道要怎麼長久經營，有更好的發展。如果想要嘗試新的主題，只要符合頻道的核心價值，我就會去嘗試，不會因為可能有人不喜歡這樣的內容就不去做，我認為那樣只會讓自己受限。但如果你單純是把傳遞內容當成副業經營或純粹興趣，那完全依據自己的喜好創作也沒有關係。

最大的前提，還是做的內容有沒有符合自己的意願？無論是創新或轉型，我的大前提都是做得開心、樂在其中，雖然我會根據觀眾的回饋去調整創作的方向，但我不會強迫自己去做已經做到膩的主題，或是根本沒興趣的內容，也不會強迫自己一定要順著觀眾的意見走，因為當你逼自己硬做，其實觀眾很快就會發現。

來自現場觀眾的挑戰

除了網路，傳遞內容的形式上，當然還會面臨來自現場的挑戰。有可能是碩士論文口試時，來自教授的挑戰；也有可能是課堂分組報告時，來自同學的挑戰……等等。

例如，我到學校演講時很常遇到，演講到一半，台下掀起一陣小騷動，然後有一群人直接站起來離開。這時候其實不要太緊張，不要懷疑是不是自己講得不好、觀眾沒興趣，很多時候只是有些學生必須去趕課或有其他行程，心態上調適一下，繼續推進流程就好。

有時候，你會看到台下有人在滑手機，甚至睡著，遇到這個狀況也不要自己嚇自己。滑手機的人，可能只是在做筆記，或是想立刻查詢你演講中提到的某個名詞，不代表他無心聽講。至於睡著的人，再優秀的演說家，都不能保證所有觀眾都能全程聚精會神，有人不敵睡魔是很正常的，就像再紅的YouTuber，還是都會有人按「我不喜歡」。不要糾結在少數幾位觀眾身上，你只要專心講給那些還希望從你身上獲得訊息的人就好。

還有一個狀況就是觀眾表情很嚴肅，甚至連你試圖搞笑也沒起作用，有些人可能會把這視為對自身表現的否定，其實，很多時候表情嚴肅代表他正處於專注的狀態。很多人會以為一位好的演講者，就是幽默風趣、很會帶氣氛；但也有一類的演講者，是能讓全場觀眾進入一種心無旁鶩，類似心流（Flow）的狀態。所以不要擔心是不是自己講得太無聊，所以觀眾死氣沉沉，有時候他們只是很單純地沉浸專注而已。

調適自己面對挑戰與否定的心態，就不至於因為這些聲音而左右你的表現，反而還能讓這些聲音提升你未來的表現！

也啾是說…

在遇到各種挑戰或否定時，我們可以先區別這是否真的是一種「否定」（例如前述的觀眾反應，可能是我們自己解讀成否定），如果它其實是一種理性的質疑的話，就是對於自我的挑戰，接下來就可以確認事實與虛心致歉。

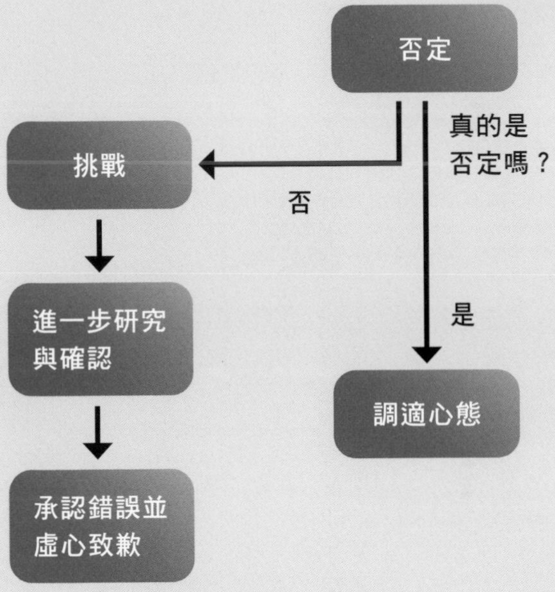

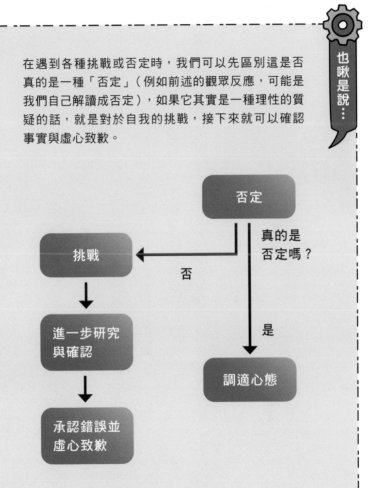

冷知識背後的熱思考

啾啾鞋教你幫大腦開外掛的30個法則

作　　者／啾啾鞋
企劃編輯／黃鈺雯
文字整理／黃詩茹
版權經紀／PressPlay
版權推廣／黃淑敏、吳亭儀
行銷業務／周佑潔、林秀津、黃崇華、王瑜

總　編　輯／陳美靜
總　經　理／彭之琬
事業群總經理／黃淑貞
發　行　人／何飛鵬
法律顧問／台英國際商務法律事務所
出　　版／商周出版　臺北市中山區民生東路二段141號9樓
電話：(02)2500-7008　傳真：(02)2500-7759
E-mail：bwp.service@cite.com.tw
發　　行／英屬蓋曼群島商家庭傳媒股份有限公司　城邦分公司
台北市104民生東路二段141號2樓
電話：(02)2500-0888　傳真：(02)2500-1938
讀者服務專線：0800-020-299　24小時傳真服務：(02)2517-0999
讀者服務信箱：service@readingclub.com.tw
劃撥帳號：19833503
戶名：英屬蓋曼群島商家庭傳媒股份有限公司城邦分公司
香港發行所／城邦(香港)出版集團有限公司
香港灣仔駱克道193號東超商業中心1樓
電話：(825)2508-6231　傳真：(852)2578-9337
E-mail：hkcite@biznetvigator.com
馬新發行所／城邦(馬新)出版集團
Cite (M) Sdn Bhd
41, Jalan Radin Anum, Bandar Baru Sri Petaling,
57000 Kuala Lumpur, Malaysia.
電話：(603)9057-8822　傳真：(603)9057-6622　email: cite@cite.com.my

國家圖書館出版品預行編目(CIP)數據

冷知識背後的熱思考：啾啾鞋教你幫大腦開外掛的30個法則/啾啾鞋著. -- 初版. -- 臺北市：商周出版：英屬蓋曼群島商家庭傳媒股份有限公司城邦分公司發行, 民110.01
面；　公分.
ISBN 978-986-477-961-1(平裝)

1.思考 2.創造性思考 3.成功法

176.4　　109018464

封面設計／比比司設計工作室
內文設計暨排版／無私設計・洪偉傑
印　　刷／鴻霖印刷傳媒股份有限公司
封面攝影／赫娜Hera手工訂製婚紗
經　銷　商／聯合發行股份有限公司　電話：(02)2917-8022　傳真：(02) 2911-0053
地址：新北市231新店區寶橋路235巷6弄6號2樓

ISBN／978-986-477-961-1
定價／360元

城邦讀書花園
www.cite.com.tw

2021年(民110年)1月初版
2021年(民110年)2月初版3.7刷